www.ingramcontent.com/pod-product-compliance
Lightning Source LLC
LaVergne TN
LVHW021229080526
838199LV00089B/5976

نوکری کی تلاش میں

(مزاحیہ مضامین)

یوسف ناظم

© Taemeer Publications LLC

Naukri ki Talaash mein *(Humorous Essays)*

by: Yusuf Nazim

Edition: October '2024

Publisher :

Taemeer Publications LLC (Michigan, USA / Hyderabad, India)

ISBN 978-93-5872-803-3

مصنف یاناشر کی پیشگی اجازت کے بغیر اس کتاب کا کوئی بھی حصہ کسی بھی شکل میں بشمول ویب سائٹ پر اَپ لوڈنگ کے لیے استعمال نہ کیا جائے۔ نیز اس کتاب پر کسی بھی قسم کے تنازع کو نمٹانے کا اختیار صرف حیدرآباد (تلنگانہ) کی عدلیہ کو ہو گا۔

© تعمیر پبلی کیشنز

کتاب	:	**نوکری کی تلاش میں** (مضامین)
مصنف	:	**یوسف ناظم**
جمع وترتیب / تدوین	:	مکرم نیاز
صنف	:	طنز و مزاح
ناشر	:	تعمیر پبلی کیشنز (حیدرآباد، انڈیا)
سالِ اشاعت	:	۲۰۲۴ء
صفحات	:	۸۰
سرورق ڈیزائن	:	تعمیر ویب ڈیزائن

فہرست

(۱)	نئے سال کی آمد پر	6
(۲)	وجو دزن سے ہے	12
(۳)	شادی خانہ آبادی	19
(۴)	گرہست شاستر	25
(۵)	ہم بھی شوہر ہیں	35
(۶)	نتیجہ غالب شناسی کا	42
(۷)	مشاعروں میں ہوٹنگ کے فوائد	47
(۸)	شعر، شاعر اور مشاعرہ	55
(۹)	مرغ و ماہی	61
(۱۰)	رموز شکم پروری	67
(۱۱)	نوکری کی تلاش میں	74

نئے سال کی آمد پر

ہر نیا سال اپنے وقت کا پابند ہوتا ہے اور اس مہمان کی طرح ہوتا ہے جو بالکل ٹھیک وقت پر معینہ دنوں کے لیے آتا ہے اور خاموشی سے چلا جاتا ہے۔ اس کے آنے اور جانے کو نظامِ شمسی بھی نہیں روک سکتا۔ نئے سال اور موسم میں یہی فرق ہوتا ہے۔ ہم نے حساب کیا تو یہ نیا سال یعنی ۱۹۸۳ء اس صدی کے آخری اٹھارہ سالوں کا افتتاحی سال ہے یعنی اس بات کی گنجائش اب باقی نہیں رہی ہے کہ جو بچہ اب پیدا ہوگا وہ اس صدی میں قانونی طور پر بالغ ہوگا اور 'اے' سرٹیفکٹ کے فلم دیکھ سکے گا۔ یہ شوق اسے اب اکیسویں صدی میں پورا کرنا ہوگا لیکن اس میں متاسف ہونے یا کسی قسم کا غم کرنے کی ضرورت نہیں ہے۔ دنیا میں ایسی بہت سی جگہیں ہیں جہاں جانے کے لیے آدمی کا بالغ ہونا ضروری نہیں اور اتفاق سے وہاں سب کچھ موجود ہوتا ہے جو 'اے' فلموں میں بھی نہیں ہوتا۔ اور فلم تو یوں بھی بے جان چیز ہے۔

نئے سال کے لیے ہم نے اب تک کوئی منصوبہ نہیں بنایا ہے اور اس کی وجہ صرف یہ ہے کہ ہم پچھلے کئی سالوں سے بناتے رہے ہیں اور ان پر عمل نہیں کر پاتے ہیں۔ ہم نے اب تک جتنے بھی منصوبے بنائے حالاتِ حاضرہ کی روشنی میں ان کا تعلق لاٹری کے ٹکٹ سے تھا۔ ہم مسلسل کئی سال سے یہ ٹکٹ خرید رہے ہیں (ایک مقصد یہ بھی ہے کہ حکومت کے ہاتھ پاؤ مضبوط کئے جائیں) اور ساتھ ہی ساتھ وہ اخبار جس میں لاٹری کا نتیجہ

اور ہمارا حشر چھپتا ہے، اس میں اب تک کوئی فرق نہیں آیا، جو نتیجہ برسوں سے چلا آرہا ہے ویسے کا ویسا برقرار ہے۔ اس سلسلے میں ہمارے کتنے پیسے خرچ ہوئے اس کا حساب ہم نے نہیں رکھا کیونکہ یہ رقم ہمارے نقصان کی نشان دہی نہیں کرسکتی۔ ہم یہ جانتے ہیں کہ اب تک ہمارا لاکھوں کا نقصان ہو چکا ہے۔ پچھلے ہی مہینے ۵ لاکھ کا گھاٹا ہوا کیونکہ جس لاٹری کا ٹکٹ ہم نے خریدا تھا وہ پورے ۵ لاکھ کی تھی (ٹکٹ پر چھپا تو یہی تھا اور یہ ۶ ہندسوں کی رقم اب تک ہماری نظروں کے سامنے گھوم رہی ہے لیکن ایسا معلوم ہوتا ہے)

یہ صدی دشمنِ اربابِ ہنر ہے شاید

ہاں یہ آپ نے ٹھیک پوچھا کہ ہمیں ہنر کیا آتا ہے۔ جانے دیجئے۔ ہم یہ مصرع جو ہمارا ہے بھی نہیں واپس لیتے ہیں اور ایک دوسرا مصرع آپ کی خدمت میں پیش کرتے ہیں،

یہ نہ تھی ہماری قسمت کہ وصالِ یار ہوتا

یہ مصرع یقیناً ہمارے حسبِ حال ہے اور اس سلسلے میں ہماری کسی صلاحیت کو زیرِ بحث نہیں لایا جاسکتا۔

ہم عملاً بے حس آدمی ہیں اس لیے ہم نے کبھی بھی کسی سال کے جانے پر اور کسی سال کے آنے پر نہ تو اظہارِ غم کیا نہ اظہارِ مسرت۔ کیونکہ ہم نے دیکھا ہے کہ جو لوگ نئے سال کا استقبال کرنے کے لیے رات کے ۱۲ بجے تک جاگتے اور مختلف طریقوں سے ایک دوسرے کو مبارکباد دیتے ہیں، نئے سال کے پہلے دن ہی بہت دیر تک سوتے رہتے ہیں اور ان میں سے بہتوں کی طبیعت کئی دن تک خراب رہتی ہے لیکن اس نئے سال کے آنے پر ہمیں واقعی خوشی ہے اور وہ اس لیے کہ ہم نئے سال میں ایک نئے دل کے ساتھ داخل ہو رہے ہیں اور یہ مصنوعی دل ہے۔

خالص پلاسٹک کے بارے میں ہم نے کئی مضامین اور مقالے پڑھے ہیں اور کئی تقریریں اور نظمیں سنی ہیں اور ہم اب تک یہی سمجھ رہے تھے کہ ہمیں اس بات کی تلقین کی جارہی ہے کہ ہم اپنے خیالات تبدیل کریں کیونکہ یہ خیالات دل میں آیا کرتے ہیں لیکن اب ہمیں معلوم ہوا کہ اصل میں اس دل کو بدلنا مقصود تھا جو ہمیں ہمیشہ حیران و پریشان رکھا کرتا ہے۔ یہاں ذرا ٹھہر جائیے اوراس مصنوعی دل کی تفصیل جانے سے پہلے انسان کے اعضائے جسمانی کے تعلق سے چند باتیں سن لیجئے۔ یہ بھی کچھ کم ضروری نہیں ہیں۔

انسان کے اعضائے جسمانی میں کس عضو کو سب پر فوقیت حاصل ہے اس معاملے میں دانشوروں اور سائنس دانوں میں ہمیشہ اختلاف رہا ہے اور جہاں تک شاعروں کا تعلق ہے وہ تو کبھی کسی بات پر متفق نہیں ہوئے ہیں۔ ایک شاعر نے اعضائے جسمانی میں سب سے زیادہ اہمیت کلیجے کو دی ہے اور کہا ہے،

کاغذ پہ رکھ دیا ہے کلیجہ نکال کے

شاعر نے یہ کام اس وقت کیا جب اپنے محبوب کو خط لکھ رہا تھا۔

اکثر و بیشتر شاعر، جن کا کلام ہماری نظر سے گزرا ہے، قدموں کے بارے میں بہت زیادہ حساس رہے ہیں۔ یہ جانتے ہوئے بھی کہ کوئی محبوب چلتے وقت نیچے دیکھ کر نہیں چلا کرتا، وہ اپنا دل اس کے قدموں تلے رکھ دیتے ہیں۔ وہ شعر ہمیں اب تک یاد ہے جس میں شاعر نے کہا ہے،

اک ذرا آپ کو زحمت ہو گی

آپ کے پاؤں کے نیچے دل ہے

دانشوروں کے ہاں بھی نقشِ قدم کی اہمیت ہے اور وہ ہمیشہ دوسروں کے نقش قدم

پر چلنے کی تلقین کرتے ہیں اور ایک بڑے شاعر نے تو نقشِ قدم کو خیاباں خیاباں ارم تک کہا ہے۔

اسی طرح اعضائے جسمانی میں ہاتھوں کو بھی بہت اہم مانا گیا ہے اور خاص طور پر سیدھے ہاتھ کو تو بہت اونچے مقام پر پہنچا دیا ہے۔ دستِ راست اسی لیے مشہور ہے۔ ہر صاحب اقتدار کا ایک دستِ راست ضرور ہوتا ہے اور یہی دستِ راست، اس شخص کی طرف سے سارے کام کرتا رہتا ہے۔ یہ اور بات ہے کہ اس دستِ راست کے کیے ہوئے سارے کام الٹے ہوتے ہیں اچھا ہوا کہ پاؤں کے معاملے میں دائیں اور بائیں پاؤں میں کوئی امتیاز نہیں برتا گیا۔ زندگی کے سفر میں دونوں پاؤں پر مساوی زور ڈالنا پڑتا ہے اور اپنے قدموں پر کھڑے رہنے کے لیے بھی دونوں پاؤں استعمال کرنے پڑتے ہیں۔ انگریزوں کے ہاتھ پاؤں کی اہمیت ذرا زیادہ ہی ہے ان کے ہاتھ محفلوں میں، مباحثوں میں اور مناظروں میں لوگوں کے پاؤں (جنھیں ٹانگیں بھی کہا جاتا ہے) بہت کھینچے جاتے ہیں، اس لیے اس میں پائے راست اور پائے چپ نہیں ہوا کرتے۔ ڈاکٹر بھی ان میں تفریق نہیں کرتے اور اگر کسی مریض کے سیدھے پاؤں کا آپریشن کرنا ہے تو وہ بائیں پاؤں کا آپریشن کرنے میں کوئی حرج نہیں سمجھتے۔ نتیجہ ایک ہی ہوتا ہے۔

آنکھ کے تعلق سے بھی کچھ اشعار ہم نے پڑھے ہیں جن میں بتایا گیا ہے کہ آنکھ کو اعضائے جسمانی میں سب پر فوقیت حاصل ہے کیونکہ،

مبتلائے درد کوئی عضو ہو روتی ہے آنکھ
کس قدر ہمدرد سارے جسم کی ہوتی ہے آنکھ

لیکن اکثریت کی رائے دل کے حق میں رہی ہے اسی لیے جب بھی کوئی موقع آیا ہم نے کسی کو شیر دل کا لقب دیا یا دریادل کا۔ کسی کو دلدار کہا تو کسی کو دلبر۔ لیکن دل کے تعلق

سے بھی اب ساری باتیں غلط ثابت ہو رہی ہیں بالکل اسی طرح جس طرح چاند کا راز کھلنے پر محبوباؤں اور گل عذاروں نے ماہ جبیں کہلانے سے انکار کر دیا۔ آپ کو یاد ہو گا کہ آدمی نے جب تک چاند پر قدم نہیں رکھا تھا دنیا کے سارے حسین ماہ وش، ماہ رو، ماہ جبیں بلکہ بذات خود مہتاب کہلاتے تھے اور ایک چودھویں کی شب کو تو بحث چھڑ گئی تھی اور حاضرین محفل میں سے،

کچھ نے کہا یہ چاند ہے، کچھ نے کہا چہرہ ترا

اب دل کا بھی یہی حال ہونے والا ہے۔ کئی مہینے پہلے کا وہ واقعہ تو آپ کو یاد ہی ہو گا جب ہمارے پچھلے آقاؤں کے دارالسلطنت لندن میں کسی شخص کے اصلی دل نے کام کرنے سے انکار کر دیا۔ اسے کافی بہلایا پھسلایا گیا لیکن اس کی کاہلی میں فرق نہیں آیا اور ڈاکٹروں کو مجبوراً اس شخص کے سینے میں ایک اور دل نصب کرنا پڑا۔ ڈاکٹر چاہتے تو اس آدمی کا اصلی دل باہر نکال لیتے اور یہ نیا دل اس کی جگہ فٹ کر دیتے لیکن صرف اس خیال سے کہ شاید پرانے دل میں کوئی جذبۂ رحم پیدا ہو اور وہ پھر سے کام کرنا شروع کر دے، ڈاکٹروں نے ایک اضافۂ دل کی گنجائش نکال لی اور اس دسمبر کی پہلی تاریخ کو تو کمال ہو گیا۔ ایک دندان ساز کے سینے میں مصنوعی دل فٹ کر دیا گیا ہے اس پر بھی ہمیں تعجب نہیں ہوا کیونکہ تعجب کرنا تو ہم نے برسوں پہلے ترک کر دیا۔ تعجب البتہ اس بات پر ضرور ہوا کہ جب یہ شخص ہوش میں آنے کے بعد پہلی مرتبہ اپنی بیوی سے ملا تو اس نے پہلی بات جو کہی یہ تھی، میں تمہیں چاہتا ہوں۔ ڈاکٹروں کا جو کمال ہے وہ تو اپنی جگہ ہے ہی، لیکن مریض کے اس جملے سے پوری انسانی تاریخ متاثر ہو گئی۔ اس کا مطلب یہ ہوا کہ پلاسٹک کے دل سے بھی محبت کی جاسکتی ہے یا یہ کہ محبت اصل میں دل سے نہیں دماغ سے کی جاتی ہے، جسے ہم اب تک فراموش کیے ہوئے تھے۔

اس لیے ہم یہ اعلان کرنا ضروری سمجھتے ہیں کہ صرف ہم ہی نہیں، دنیا کے سارے لوگ نئے سال میں نئے دل و دماغ کے ساتھ داخل ہورہے ہیں دل تو بدل ہی گیا ہے اور دماغ کی اہمیت ظاہر ہوگئی ہے۔ عاشقوں کو بھی خوش ہونا چاہیئے کہ اب ان کی بات آسانی سے ان کے محبوب کی سمجھ میں آجائے گی۔ وہ (بغیر نماز پڑھے) دعائیں مانگا کرتے تھے،

یارب وہ نہ سمجھے ہیں نہ سمجھیں گے مری بات
دے اور دل ان کو جو نہ دے مجھ کو زباں اور

اب اس نئے دل کی وجہ سے محبوب نہ تو تجاہلِ عارفانہ کو روبہ عمل لاسکے گا، نہ تغافلِ شاطرانہ کو۔

ہم اس شاعر کو بھی مبارکباد دیتے ہیں کہ اس نے اپنی بینائی نہیں دانائی سے انیسویں صدی ہی میں دیکھ لیا تھا کہ بیسویں صدی میں آدمیوں کے اعضائے رئیسہ کھلے بازار میں مل جایا کریں گے۔ غریب لوگوں کو اور کچھ نہیں مناسب اعضائے رئیسہ ہی ملنے لگیں تو کافی ہے۔

***

وجود زن سے ہے

کہا جاتا ہے ہماری دنیا میں جتنا بھی رنگ و روغن ہے وہ صرف عورت کے وجود کی بناء پر ہے۔ ہمارا بھی یہی خیال ہے، مردوں کی یہ حیثیت نہیں کہ وہ تصویر کائنات میں اپنی طرف سے کوئی رنگ بھر سکیں۔ زندگی بھر خود ان کا رنگ اُڑا اُڑا سا رہتا ہے تو وہ غریب کہاں سے یہ کارنامہ سرانجام دے سکیں گے بلکہ ہم تو یہ تک کہیں گے کہ یہ دنیا قائم ہی ان لوگوں کی وجہ سے ہوئی ہے (اور اس کا تمت بالخیر بھی ان کی وجہ سے ہو گا۔ مرد تو صرف شکریے کی رسم ادا کریں گے۔)

عورت اگر دنیا میں آنا نہ چاہتی تو کیا مردوں کی عقل ماری گئی تھی کہ وہ ادھر کا رخ کرتے۔ مردوں کو شروع ہی سے عورتوں کے پیچھے پیچھے چلنے کی عادت رہی ہے اور اپنی اس عادت کے سلسلے میں انھیں یہاں آنا پڑا۔ اس دنیا میں آنے سے پہلے مرد تو کہیں اور رہتے تھے۔ وہ تنہا ضرور تھے لیکن محفوظ تو تھے۔ اب مرد تنہائی ڈھونڈتے ہیں اور کوئی گوشۂ عافیت انہیں ملتا نہیں ہے۔ ہر طرف ایک نہ ایک قوس و قزح موجود ہے کیونکہ جب سے وجود میں آئی ہے یہ دنیا رنگوں کا کارخانہ بنی ہوئی ہے۔

عورت کی پیدائش کا مقصد اختلاف رائے رہا ہے اور یہی ایک مقصد ہے جس کی تکمیل کی خاطر عورتوں اور مردوں کو کوئی محنت نہیں کرنی پڑتی۔ مرد اور عورت کبھی ہم خیال نہیں ہو سکتے۔ ہاں ان دو موسیقاروں کی بات اور ہے جن میں سے ایک مرد اور ایک

عورت ہو اور دونوں مل "خیال" گا رہے ہوں۔ اس کے آگے ان کی ہم نوائی کا سوال نہیں پیدا ہوتا اور موسیقی میں بھی اس ہم نوائی کے لئے انہیں کتنا ریاض کرنا پڑتا ہے۔ یہ انہی کا دل جانتا ہے (دل دکھتا بھی ہو گا) دن رات محنت کرتے ہیں، گھنٹوں سر جوڑ کر بیٹھتے ہیں تب کہیں جاکر دونوں کے سُر ایک سے نکلتے ہیں۔ موسیقی کو اسی لئے فنونِ لطیفہ پر فوقیت حاصل ہے کیونکہ کسی دوسرے فن میں مرد اور عورت ایک ساتھ نہیں پیش کئے جاسکتے۔

مغربی تہذیب میں عورتوں کو اولیت حاصل ہے کوئی جلسہ ہو رہا ہو تو مقرر کا فرض ہوتا ہے کہ وہ عورتوں کو مردوں سے پہلے مخاطب کرے حالانکہ عورتیں اس کی تقریر سنتی نہیں ہیں، وہ یہ دیکھتی رہتی ہیں کہ کس عورت نے کیا پہن رکھا ہے اور بعض وقت تو بڑی مشکل میں پڑ جاتی ہیں کیونکہ جلسے میں کچھ خواتین ایسی بھی نظر آتی ہیں جو صرف زیور پہننے کی شوقین ہوتی ہیں۔ تکمیل ضابطہ کی خاطر لباس پہننے کو لباس پہننا نہیں کہا جاتا۔

مقرر صاحبان کو اس طرز تخاطب کی اتنی عادت ہو جاتی ہے کہ جلسے میں اگر صرف مرد ہی مرد ہوتے ہیں تو بھی وہ خواتین حضرات ہی کے الفاظ سے اپنی تقریر کا آغاز کرتے ہیں اور مرد سامعین کی سمجھ میں نہیں آتا کہ ان میں سے کس کس کو خواتین سمجھا گیا ہے (ویسے مقرر کی اصل تقریر بھی ان میں سمجھ میں نہیں آتی) جلسوں میں مردوں کی تعداد اس لئے زیادہ ہوتی ہے کہ مرد گھر سے باہر نکلنے کا کوئی نہ کوئی بہانہ ڈھونڈتے رہتے ہیں اور وہ جانتے ہیں کہ مقرر کتنا ہی کیوں نہ بولے کبھی نہ کبھی تو خاموش ہو گا۔

عورتوں کے کئی رنگ ہوتے ہیں۔ مشہور یہ ہے کہ عورتیں بیحد نرم دل ہوتی ہیں اور ہر عورت کے پاس آنسوؤں کا ایک ریزروائر ہوتا ہے جس کے اس کے قلب کی رقت ہمیشہ برقرار رہتی ہے۔ دنیا کی ہر پائپ لائن خراب ہو سکتی ہے بلکہ بعض صورتوں میں

آسمان سے بھی پانی کی فراہمی کا سلسلہ منقطع ہو جاتا ہے لیکن عورتوں کے ریزروائر کبھی خشک نہیں ہوتے اس لئے ہمارے شاعروں نے بہ غلبۂ آرا ان کی آنکھوں کو ہمیشہ جھیل کہا ہے۔ جن شاعروں نے احتیاطاً عورتوں کی آنکھوں کو جھیل کہنے سے گریز کیا ہے وہ بہر حال اس بات پر متفق ہیں کہ ان کی آنکھیں ساغر و مینا ہیں خواہ وہ بینائی کے معاملے میں کتنی ہی کمزور کیوں نہ ہوں۔

عورتوں کے نرم مزاج ہونے کے ہم بھی دل سے قائل ہیں۔ ساسوں اور بہوؤں کے آنسو تو کبھی نہیں رکتے۔ عام طور پر یہ دونوں جب بھی ایک دوسرے کو دیکھتی ہیں ان کا دل بھر آتا ہے اور نرم مزاجی کی وجہ سے دونوں کی آنکھوں سے نہریں بہنے لگی ہیں۔ نندوں اور بھاوجوں کو بھی اس قسم کی رقت میں مبتلا ہوتے دیکھا گیا ہے۔ محبت کی یہ کیفیت مردوں کی قسمت میں نہیں لکھی گئی ہے۔ مرد میدان جنگ میں تو کچھ نہ کچھ کر لیتے ہیں لیکن گھر کے صحن میں جن ہتھیاروں کی ضرورت پڑتی ہے وہ مردوں کے پاس نہیں ہوتے اور اگر ہوتے بھی ہیں تو وہ ان ہتھیاروں کو استعمال کرنے کی تکنیک سے واقف نہیں ہوتے۔ دو آنسو ٹپکانا ان کی جان پر آتا ہے۔ عورتوں کو دیکھئے، وہ ہمیشہ اس کے لئے کمربستہ رہتی ہیں، حالانکہ کمر ان کی ہوتی ہی کتنی ہے۔

عورتوں کا ایک رنگ یہ بھی کہ ایک خاص درجۂ حرارت پر پہنچنے کے بعد ان کی عُمر منجمد ہو جاتی ہے وہ جمود جو بالعموم ادب وغیرہ میں آیا کرتا ہے ان کی عُمر میں آجاتا ہے۔ ویسے اس انجماد سے ان کی سالگرہ کی تقریبات میں خلل واقع نہیں ہوتا۔ یہ بلاناغہ ہر سال منائی جاتی ہیں۔ کیک بھی آتا ہے لیکن جو وزن اور پیمائش میں پچھلے سال سے کچھ زیادہ ہی ہوتا ہے، البتہ موم بتیوں کی تعداد گھٹتی جاتی ہے۔ یہ اتنی کم ہو جاتی ہیں کہ صحیح عمر دریافت کرنے کے لئے انھیں دو سے ضرب دینا پڑتا ہے۔

بعض وقت تو صورت حال اتنی خطرناک ہو جاتی ہے کہ سالگرہ منانے والی خاتون کی بیٹیاں پریشان ہو جاتی ہیں کہ وہ ان کی کتنی کمسنی کی پیداوار ہیں۔ بہت کم مردوں کو سالگرہ مناتے دیکھا گیا ہے اس کی وجہ شاید یہ ہوتی ہو گی کہ مردوں کو غلط بیانی کے لئے سالگرہ منانے کی ضرورت نہیں ہوتی۔ کوئی بھی مرد دروغ گوئی کے لئے کامل ایک سال صبر نہیں کر سکتا۔

کچھ رشتے بھی ہیں جو عورتوں ہی کے توسط سے مشہور ہیں۔ مثلاً دو شادی شدہ مرد، مرد ہونے کے باوجود آپس میں ہم زلف ہو سکتے ہیں۔ اس میں ان کا قصور صرف یہ ہوتا ہے کہ انہوں نے ایک ہی گھر کی دو بہنوں سے اپنی اپنی شادیاں کی تھیں۔ (ہم زلفوں کی تعداد دو سے زیادہ بھی ہو سکتی ہے) اس کے برخلاف دو بھائیوں کی بیویاں آپس میں ہم زلف نہیں ہو سکتیں، کیونکہ زلف سے منسوب ہونے کے باوجود یہ رشتہ خالص مردانہ رشتہ ہے حالانکہ اب تو مردوں نے بھی اپنی زلفیں کافی بڑھالی ہیں اور عورتوں کا جی چاہے تو وہ بھی ہم زلف کہلا سکتی ہیں۔ مشکل یہ ہے کہ "ہم ریش" رشتے کے لئے کوئی موزوں لفظ نہیں ہے۔ اب دنیا میں ایسے مرد کتنے ہیں جو داڑھی کا ذوق رکھتے ہیں۔ داڑھی ہی ایک چیز تھی جس سے مرد علی الاعلان پہچانے جا سکتے تھے۔ اس سے قطع تعلق کر کے انہوں نے اپنی شناخت کے معاملے میں کافی نقصان اٹھایا۔

مردوں کی ثانوی حیثیت کا ثبوت اس بات سے بھی ملتا ہے کہ خسر جیسی عظیم شخصیت کو بھی وہ عزت حاصل نہیں ہے جو ساس کو حاصل ہے۔ ساسیں خوش دامن کہلاتی ہیں آج کسی خسر کو خوش کلاہ نہیں کہا گیا۔ مشہور بھی ہوئی تو ان کی کج کلاہی مشہور ہوئی۔ یہ بھی بس چند گنے چنے لوگوں کی حد تک محدود تھی۔ لوگوں کا جی چاہتا تو انھیں خوش کلاہ نہ سہی قبا کہہ سکتے تھے لیکن جی چاہتا تب نا۔ اسی لئے مردوں کا رنگ کبھی نہیں

جما۔ جمتا بھی کیسے، نہ یہ اپنے ناخن رنگتے ہیں نہ ہونٹ۔ مہندی جیسی نرم و نازک شے سے بھی انھیں دلچسپی نہیں۔ زیادہ سے زیادہ لگایا تو خضاب لگایا اور خضاب کا رنگ بھی کوئی رنگ ہے۔

ہاں مردوں نے رنگین شاعری ضرور کی۔ عورتوں کے سراپا کے بارے میں ڈھیروں اشعار کہہ ڈالے انھیں رنگوں میں نہلا دیا۔ عارض شہابی رنگ کے عرض کر دیئے تو ہونٹوں کو یاقوت فرمادیا۔ زلفیں سبزی رنگ میں ڈبو دیں اور آنکھوں کو دریائے نیل کے پانی سے تر کر دیا۔ کسی کے چہرے پر سبزہ اگا دیا تو کسی کو چمپئی یا صندل بنا دیا۔ وجودِ زن سے تصویر کائنات میں رنگ نہیں ہو گا تو اور کیا ہو گا۔ اس میں عورتوں کی کوشش کم اور مردوں کا دخل زیادہ معلوم ہوتا ہے۔

عورتیں رنگوں کے معاملے میں بے حد سختگیر ہوتی ہیں۔ کھانا خراب پکے (بلکہ نہ بھی پکے) تو انھیں پرواہ نہیں۔ گھر کی کوئی چیز ٹھکانے پر نہ رہے تو کہیں گی ایسی کیا آفت آگئی۔ بچوں نے اگر ہوم ورک نہیں کیا تو وہ اسے ان کے والد کی ذمہ داری قرار دیں گی لیکن اگر ان کے لباس و کان کے بندوں، ناک کی کیل، پیشانی کی بندیا، ہاتھ کی چوڑیاں اور پاؤں کی چپلوں کا رنگ ایک دوسرے سے میل نہ کھائے تو وہ اس کے لئے زمین آسمان ایک کرنے میں دریغ نہ فرمائیں گی۔

ہم نے کتنی ہی خواتین کو اس سلسلے میں ایک بازار سے دوسرے بازار اور ایک شہر سے دوسرے شہر جاتے ہوئے دیکھا ہے (وہ تو اور بھی آگے چلی جاتیں لیکن اس کے آگے جانے کے لئے پاسپورٹ درکار ہوتا ہے) لیکن سچ یہ ہے کہ جہاں تک رنگوں کی بات ہے اس میں صرف عورتیں قصوروار نہیں، ہمارا سماج خود رنگوں پر فریفتہ ہے۔ عورت سے رنگوں کے انتخاب میں کوئی غلطی ہو جائے تو سماج اسے کبھی معاف نہیں کرتا کیونکہ عورتوں کی تخلیق کا

مدعا یہی ہے کہ وہ کائنات کی تصویر میں ٹھیک سے رنگ بھرتی رہیں اور مردوں کی تخلیق کی غرض وغایت شاید یہ رہی ہے کہ وہ ان خواتین کے آگے پانی بھرتے رہیں۔

خواتین کو اس طرح رنگوں کے سلسلے میں فکرمند ہوتے دیکھ کر ہمارے چند رحم دل (لیکن ذہین) دکانداروں نے تو اپنی دکان کا نام ہی میچنگ سینٹر رکھ چھوڑا ہے۔ شروع شروع میں تو شہر کے نوجوانوں میں کچھ یعنی تھوڑی بہت غلط فہمی پھیلی کیونکہ یہ چیز غلط فہمی ہمارے یہاں ذرا جلد ہی پھیلتی ہے اور اس غلط فہمی کے نتیجے میں ہمارے نوجوانوں نے یہ سمجھ لیا تھا کہ انھیں ان کا میچ یہیں کہیں مل جائے گا۔

کچھ اسپورٹس مین قسم کے نوجوان تو یہ بھی سمجھے کہ یہاں کوئی نہ کوئی میچ ہوتا رہتا ہے لیکن وہاں انھیں ایسٹ اسٹینڈ یا نارتھ اسٹینڈ نظر نہیں آیا۔ رنگوں نے اب تک اتنی زیادہ اہمیت حاصل کرلی ہے کہ خواتین اپنی (شربتی) آنکھوں کو اپنے لباس کے ہم رنگ بنانے لگی ہیں۔ جس خاتون کی آنکھوں کو آپ سنیچر کے دن سبز رنگ کے غلاف میں دیکھیں گے انہی غلافی آنکھوں کو آپ اتوار کے دن نیلے رنگ کا پائیں گے۔ عورتوں کی آنکھیں اسی طرح بدلتی ہیں لیکن قدرت کی ستم ظریفی دیکھئے کہ مشہور یہ ہے کہ مرد کی آنکھ بدلتے دیر نہیں لگی۔ دنیا میں یہی ہوتا آیا ہے، یہ سب وجو د زن کے کرشمے ہیں۔ اسی لئے شاعر نے کہا ہے؛

زمین چمن گل کھلاتی ہے کیا کیا : بدلتا ہے رنگ آسماں کیسے کیسے

لیکن ایسا بھی نہیں ہے کہ مردوں کے چہرے بالکل سپاٹ ہوتے ہیں۔ بہتوں کے چہروں پہ کچھ نہیں لکھا ہوتا ہے باوجود اس کے کہ ان کا چہرہ کتابی ہوتا ہے لیکن بہت سے چہرے ایسے بھی ہوتے ہیں جن پر تبدیلیاں اپنا رنگ دکھاتی رہتی ہیں۔ جب بھی رائے دینے کا موسم نزدیک آتا ہے امیدواروں کا حال یہ ہوتا ہے کہ؛

ان کی وہ آمد آمد اپنا یہاں یہ عالم : اک رنگ آرہا ہے اک رنگ جارہا ہے

امیدواروں کی فہرست بھی اب زیادہ رنگین ہوتی جارہی ہے کیونکہ یہی ایک میدان ایسا ہے جس میں وجودِ زن کی بہتات بافراط ہے۔ مردوں کے شانہ بشانہ کھڑے رہنے کے دن گئے اب مرد عورتوں کے شانہ بشانہ کھڑے رہنے کے خواہشمند نظر آتے ہیں۔ یوں تو دفاتر بھی اب مدرسوں اور کالجوں کی طرح مخلوط ہوگئے ہیں اور یہ سب نمودِ زن سے متاثر ہیں لیکن اس میدان کی بات ہی اور ہے یہ کسی چار دیواری سے محصور نہیں ہوتا۔

عورتیں پہلے صرف پن گھٹ پر جایا کرتی تھیں، اب سارے گھاٹ ان کے قدومِ منمیت لزوم سے کچھ کچھ فیض پاتے ہیں۔ پہلے عورتوں کو مردوں پر بہت بھروسہ تھا لیکن اب یہ ان سے بدظن ہوگئی ہیں۔ وہ ہر جگہ اپنی نمائندگی خود کرتی ہیں بلکہ بہت سی جگہیں تو ایسی بھی ہیں جہاں عورتیں، مردوں کی نمائندگی کرتی ہیں۔ مردوں نے اپنا سب کچھ انھیں کے حوالے کر رکھا ہے۔ دنیا کی تصویر میں پہلے یہ رنگ ذرا ہلکا تھا اب یہ شعلے کی طرح چمکتا ہے مردوں سے اگر کسی تصویر میں رنگ بھرنے کو کہا جائے تو وہ نہایت تکلف سے اور بڑی احتیاط سے برش کی نوک سے اس طرح رنگ بھریں گے گویا کینوس کو رنگ سنگھار رہے ہیں۔ عورتیں بخل سے کام نہ لے کر فراخ دلی کا مظاہرہ کریں گی۔ وہ بھی اگر اُن کا جی چاہا ورنہ کینوس پر رنگ انڈیل دینے میں بھی تامل نہیں فرمائیں گی۔

وجودِ زن کی اہمیت اس لئے بھی مستزاد ہوگئی ہے کہ مرد کی پسلی نے صرف ایک ہی مرتبہ کام کیا تھا، اب مرد عورتوں کے دست نگر ہیں۔ اس لئے اگر تصویر کائنات میں صرف تصویر کے فریم کے کام کے رہ گئے ہیں تو اس میں قصور عورتوں کا نہیں ہے۔

***

شادی خانہ آبادی

کہا جاتا ہے کہ حقیقی خوشی کا اندازہ شادی کے بعد ہی ہوتا ہے لیکن اب کچھ نہیں کہا جاسکتا جو چیز ہاتھ سے نکل گئی، نکل گئی۔ شادی نہ کر کے پچھتانے میں نقصان یہ ہے کہ آدمی تنہا پچھتاتا ہے۔ شادی کر کے پچھتانے میں فائدہ یہ ہے کہ اس میں ایک رفیق کار ساتھ ہوتا ہے۔ اس کے دل کی چوٹ بھی کچھ کم نہیں ہوتی، ویسے دوسری صورت میں جان کا زیاں زیادہ ہے۔

شادی کو خانہ آبادی کا نام بھی دیا گیا ہے اور یہ نام اس لئے دیا گیا ہے کہ شادی کی تقریب دلہن کے دولت خانے پر منعقد ہوتی ہے اور اگر یہ تقریب کسی شادی خانے میں منعقد ہو تو یہ شادی خانہ یقیناً آباد ہو جاتا ہے۔ جو لوگ دعوت ناموں اور رقعوں کو شخصی دعوت نامہ نہیں سمجھتے بلکہ یہ سمجھتے ہیں کہ الداعی سے کوئی سہو ہو گیا ہو گا، وہ اپنی وسیع القلبی کی وجہ سے شادی خانے کی رونق بڑھانے میں تکلف نہیں کرتے۔ ان کی اپنی ذاتی آبادی بھی ان کے ہمراہ ہوتی ہے اور شادی خانہ ہندوستان کی آبادی کا اشاریہ بن جاتا ہے۔

کچھ لوگ جو قواعد اردو سے اور زبان کی باریکیوں سے واقف ہوتے ہیں اس خیال کے حامی ہوتے ہیں کہ شادی خانہ آبادی کے الفاظ صوتی اعتبار سے اچھے معلوم ہوتے ہیں، ورنہ اس الفاظ کی صحیح ترتیبِ آبادئ شادی خانہ ہونی چاہئے۔ ہمارا ذہن اتنی دور کا سفر نہیں کر سکتا اس لئے ہمیں اپنی توجیہ صحیح معلوم ہوتی ہے۔

یہ بات بہر حال طے ہے کہ قدرت نے ہر شخص کا جوڑ پیدا کیا ہے۔ بس اسی جوڑے کی تلاش میں فریقین سے غلطی ہو جاتی ہے۔ انسان ہے بھی خطا کا پتلا، شادی کے بعد اس کے پتلا بن جانے میں کوئی شک باقی نہیں رہتا۔

شادی کس طرح کی جائے اس کے کئی طریقے رائج ہیں (گو کہ نتیجہ یکساں ہوتا ہے۔) سب سے اچھی شادی وہ مانی گئی ہے جس میں دونو مولود بچے (ان میں سے ایک کا بچی ہونا ضروری ہے) پیدائش کے فوراً بعد ایک دوسرے کے نام ہبہ کر دیئے جاتے ہیں۔ یہ شادی بچوں کی نانیاں خالائیں، پھوپھیاں اور مائیں طے کرتی ہیں۔ اس فہرست میں ماں کا نام سب کے آخر میں آتا ہے۔

یہ شادی بچوں کی شکل و صورت، تعلیم اور مستقبل کی پرواہ کئے بغیر طے کی جاتی ہے۔ قدرت پر بھروسہ کرنے کی بہترین مثال یہی شادی ہوتی ہے۔ بعض صورتیں تو اس سے بھی زیادہ ہولناک ہوتی ہیں، جب نولود بچے کو صرف اس امید پر مانگ لیا جاتا ہے کہ آئندہ پھوپھی کے گھر میں جب خوشی کی واردات ہوگی اور یہ واردات صنف نازک کی صورت میں ہوئی تو یہ نومولود لڑکا اس کے کام آئے گا۔ اس موقعہ پر چونکہ بچے کی ماں کافی بدحواس ہوتی ہے اور دائیں سے بائیں کی طرف اپنا سر ہلاتی ہے (بوجہ واردات حاضرین محفل اسے ماں کی رضامندی سمجھتے اور خوشی سے تقریباً اچھل پڑتے ہیں۔)

یہ غائبانہ تقریب عقد ہوتی ہے۔ چند سال بعد جب دوشیر خوار بچوں کو یہ اطلاع ملتی ہے کہ وہ ایک دوسرے کے ساتھ رشتۂ ازدواج میں (تقریباً) منسلک ہو چکے ہیں تو دونوں کی آنکھوں میں آنسو آجاتے ہیں۔ متعلقہ والدین ان آنسوؤں کو خوشی کے آنسو سمجھ کر پی جاتے ہیں۔ قدرت کی کرنی ایسی ہوتی ہے کہ یہ دونوں (تقریباً) شادی شدہ بچے سن بلوغ کو پہنچ کر غیر شعوری طور پر ایک دوسرے سے وابستہ ہو جاتے ہیں۔ یعنی زندگی کا وہ ثانیہ

جس میں یہ معاہدہ ہوا تھا سانحہ کی شکل اختیار کرلیتا ہے اور کبھی کبھی تو یہ بھی ہوتا ہے کہ کوئی بچہ یہ صدمہ برداشت ہی نہیں کرپاتا اور بعد میں خبر یہ پھیلائی جاتی ہے کہ بچے کو ڈبے کی بیماری ہوگئی تھی، ڈاکٹر الگ بدنام ہوئے ہیں۔ بعض بچوں کے بن کھلے مرجھا جانے کی ایک وجہ یہ بھی ہوتی ہے کہ سورج کی روشنی دیکھنے سے پہلے ان کی شادی طے ہوجاتی ہے۔ یہ شادی کس کی خانہ آبادی ہوگی۔ یہ ایک اور ثقافتی حقیقت ہے کہ جب سے نومولود بچوں کی رسم مناکحت کا سلسلہ منقطع ہوا ہے بچوں کی شرح اموات میں خاصی کمی واقع ہوئی ہے۔

والدین کی عین خواہش یہ ہوتی ہے کہ ان کے بچے ان کی یعنی والدین کی مرضی سے شادی کا کارنامہ انجام دیں اور اس کی خواہش کی بنیادی وجہ یہ ہوتی ہے کہ خود ان کی شادی ان کے والدین کی مرضی اور پسند سے ہوئی تھی۔ اس طرح عقد میں ہوا اور ہونا یہ تھا کہ ماں باپ کے کہنے پر لڑکا گردن جھکا دیتا تھا (یہ گردن پھر کبھی اٹھتی نہیں تھی) اور دوسری طرف لڑکی کو چپ لگ جاتی تھی (کیونکہ اسے بھی بولنا ہوتا تھا) اس ایجاب و قبول کو بعد میں برسرِ عام یعنی محفل عقد میں مشتہر کیا جاتا تھا اور فریقین کی استطاعت اور زور بازو کے مطابق مصری، بادام اور چھوہارے کچھ اس انداز سے پھینکے جاتے تھے کہ ہر سمت سے آواز آتی تھی "اے خانہ بر انداز چمن کچھ تو ادھر بھی۔" والدین کی پسند کی شادی کا یہ طریقہ اب بھی مقبول ہے کیونکہ بالعموم یہ والدین اس بات کی احتیاط کرتے ہیں کہ دولہا دلہن کے انتخاب میں ان سے وہ غلطی سرزد نہ ہو جو ان کے والدین سے ہوئی تھی۔ تجربہ آدمی کا سب سے بڑا معلم ہے۔

والدین کی پسند کی شادیوں میں اکثر شادیاں کامیاب بھی ہوتی ہیں۔ کامیاب شادی اس شادی کو کہتے ہیں جس میں فریقین مشیت پدری کے آگے سر تسلیم خم کردیتے ہیں۔

از کار رفتہ شادی شدہ لوگوں کا یہی معمول ہے۔ جب دوسرے سارے راستے بند ہوں تو شادی کا کامیاب ہونا یقینی ہو جاتا ہے۔ ویسے شادی اور شادمانی کو دو علیحدہ واصنافِ زندگی مان لیا گیا ہے۔

جن نوجوانوں کو اپنی ذات پر بھروسہ رہتا ہے وہ دخل در معقولات نام کی کوئی بات پسند نہیں کرتے اور خود عملی قدم اٹھاتے ہیں۔ بعض صورتوں میں ایسا ہو جاتا ہے کہ نگاہ کہیں پڑتی اور قدم کہیں پڑتا ہے۔ اس نوع کی تقاریب مسرت میں کبھی کبھی فریقین کو اپنی قوت بازو کا بھی مظاہرہ کرنا پڑتا ہے اور یہی وہ صورت حال ہوتی جب کوئی دلیر اور آمادہ بر پیکار نوجوان شہزادہ سلیم کو مات دے دیتا ہے (حوالے کے لئے ملاحظہ ہو شہزادہ سلیم اور بی بی انار کلی کی داستان معاشقہ) شہزادہ سلیم کی مشکل یہ تھی کہ اسے تخت طاؤس اور قص طاؤس میں سے کسی ایک چیز کا انتخاب کرنا تھا۔ اس کی پسند بہر حال شاہانہ تھی عاشقانہ نہیں۔ اس کی نیت اور عمل کے بیچ میں شہنشاہ اکبر کا دبدبہ بھی حائل تھا۔ آج کے والدین میں وہ دبدبہ معدوم ہے۔ یوں بھی ہر شخص مہابلی تھوڑے ہی ہوتا ہے۔ یوں بھی آج کل سبز باغ دیکھنے کی وجہ سے نوجوان کچھ زیادہ ہی باغی ہو گئے ہیں۔

اپنی پسند کی شادی کا سلسلہ بظاہر نیا معلوم ہوتا ہے لیکن نیا ہے نہیں۔ دنیا میں کون سی چیز نئی ہے، اپنی پسند کی شادی سوئمبر کا ایک نیا روپ ہے۔ سوئمبر میں ہوتا یہ تھا کہ راج کماروں اور دیگر امیدواروں کو تو معلوم ہوتا تھا کہ ان کی مرکز نگاہ کون ہے۔ صرف راج کماری کو طے کرنا ہوتا تھا کہ حاضرین میں سے کس کا ستارہ گردش میں ہے۔ یہ بھی پسند کی شادی ہوتی تھی، پس فرق یہ تھا کہ اس میں فریقین کے بزرگوں کی منظوری شامل رہتی تھی۔ اب اسلوب بدل گیا ہے اور والدین کا حقِ ولدیت سلب کر لیا گیا ہے۔ مطلوب کرنے کا یہ ایک مہذب طریقہ ہے۔ والدین کی پسند کی شادیوں میں کوئی دیباچہ نہیں ہوا

کرتا تھا، اپنی پسند کی شادیوں میں دیباچے ضرور مانے گئے ہیں۔ یہ دیباچے کلکام اور طعام پر مشتمل ہوتے ہیں۔

شادی سے پہلے لڑکا اور لڑکی دونوں مل کر اپنے شہر کے ہر ہوٹل اور ریستوران کا سروے کرلیتے ہیں۔ اس سروے میں لڑکے کی طرف سے پہل ہوتی ہے (پہل لڑکی کا کام ہوتا ہے) لیکن شادی کے بعد جب لڑکی سابقہ رویے پر ثابت قدمی کے ساتھ برقرار رہنا چاہتی ہے تو گھر میں سے دھواں تو اٹھتا ہی ہے لیکن یہ چولھے کا نہیں ہوتا۔ ارمان اور شادی میں یہی فرق ہے۔ طبیعات اور مابعد الطبیعات کو ایک ہی مضمون سمجھ لینا کوئی اچھی بات نہیں۔ طبائع انسانی پر اس کا برا اثر پڑتا ہے۔

شادیوں کا یہ پہلو بہرحال افسوسناک ہے کہ نوشاہ کے آنسو نظر نہیں آتے لیکن اس کے ساتھ ساتھ اس تقریب کا یہ پہلو کافی خوشگوار ہے کہ اب لڑکیوں میں بیداری اور مردم بیزاری زیادہ پھیل گئی ہے (مردم بیزاری کا عمل صرف مردوں کی حد تک ہے) لڑکیوں میں یوں بھی غور کرنے کا مادہ نسبتاً زیادہ ہوتا ہے۔ وہ اول تو کلیوں کی طرح کم کم کھلتی ہیں اور کھلنے میں تو انھیں اور زیادہ دیر لگتی ہے۔ حوالے کے لئے ملاحظہ ہو پروین شاکرؔ کا شعر؛

حُسن کو سمجھنے کو عمر چاہئے جاناں
دو گھڑی کی چاہت میں لڑکیاں نہیں کھلتیں

لڑکوں کا معاملہ الگ ہے وہ عجلت پسند واقع ہوتے ہیں (جہاں تک کم کم کھلنے کا تعلق ہے اس کے لئے میرؔ کے کلام کا مطالعہ مفید رہے گا) پروینؔ شاکر نے جو کچھ کہا ہے وہ کلیہ نہیں ہے۔ میرؔ کا شعر البتہ کلیے میں آتا ہے۔ پسند اور محبت فی الواقع دو الگ چیزیں ہیں۔ محبت پہلی نظر میں ہو جاتی ہے، یہ پہلی نظر میں ہو جائے تو بار بار اسی طرف اٹھتی ہے اور ہر نظر

پہلی نظر ہوتی ہے، نظر ثانی نہیں ہوتی۔ پسند کا معاملہ ذرا مختلف ہے۔ اس میں محبت کا عمل دخل دیر سے ہوتا ہے۔ جس محبت میں سوچ اور سمجھ کے عناصر شامل ہوں، افلاطونی نقطۂ نظر سے اسے محبت نہیں کہا جاسکتا۔ محبت بعض وقت صرف فلسفے کی حد تک رہتی ہے، اس میں شادی کا ہونا یا نہ ہونا ضروری نہیں۔ لوگ یوں بھی زندگی بسر کرلیتے ہیں۔

افلاطون نے ایک ہی تحفہ دنیا والوں کو دیا ہے اور وہ افلاطونی محبت۔ سقراط نے یہ کام نہیں کیا۔ افلاطونی محبت میں مٹھاس زیادہ ہوتی ہے اور اس کا ثبوت اس مٹھائی سے ملتا ہے جس کا نام افلاطون ہے۔ انگریز اس مٹھائی سے محروم ہیں۔ ابھی حال میں ایک امریکی اداکارہ نے اپنی نویں شادی انجام دی لیکن شادیوں اور شوہروں کی تعداد میں ایک کا فرق تھا، وہ یوں کہ موصوفہ نے اپنے سابقہ معزول شوہروں میں ایک کو دوبارہ خدمت شوہری پر بحال کردیا۔ کچھ لوگ جو تحقیقی مزاج رکھتے ہیں شریک حیات کی تلاش میں عمر بھر گرداں اور آبلہ پا رہتے ہیں۔ یہ کور چشم تو نہیں ہوتے لیکن سامنے کی چیز انھیں نظر نہیں آتی۔

یہ وہ لوگ ہوتے ہیں جو بینائی کی جگہ (نام نہاد) دانائی اور دانائی کی جگہ بینائی استعمال کرتے ہیں۔ فون پر بھی بات کرنی ہو تو پہلے عینک لگالیتے ہیں، عینک لگا کر آواز سننے والوں کو شادی سے پرہیز کرنا چاہئے۔ بعض وقت فریق ثانی کچھ کام بے آواز بھی کرتا ہے۔ شادی کے بغیر بھی شاد کام رہا جاسکتا ہے لیکن وہ لوگ یعنی وہ دونوں لوگ جو شادی کے بعد خوش رہنے پر قادر ہیں، واقعی بڑے لوگ ہوتے ہیں انہیں خوش فہمی یہ ہوتی ہے کہ ان دونوں کو قدرت نے ایک دوسرے کے لئے بنایا ہے۔ ہر آدمی کو زندگی میں کوئی نہ کوئی پیشہ اختیار کرنا پڑتا ہے، جو لوگ تجارت کا رجحان رکھتے ہیں اپنے مقصد کی تکمیل کے لئے یہ کام "شادی" سے شروع کرتے ہیں اس میں منافع زیادہ ہوتا ہے۔

***

گرہست شاستر

پیش لفظ، شادی کر لینا ایک نہایت ہی ادنیٰ بلکہ حقیر کام ہے جسے دنیا کا ہر شخص خواہ، وہ کتنا ہی گیا گزرا کیوں نہ ہو بآسانی انجام دے سکتا ہے۔ شادی کرنا چونکہ ایک مذہبی اور شرعی فعل ہے اس لئے شادی کے لئے علمی قابلیت، ذہنی استعداد، وجاہت، صورت شکل وغیرہ کسی چیز کی ضرورت نہیں۔ یہ قیود صرف اہلکاری، جمعداری وغیرہ کے لئے ہیں، شادی ہر قید سے آزاد اور ہر شرط سے پاک ہے۔

شادی کے لئے دنیا میں پیدا ہونا اور پیدا ہو کر جوان ہو جانا بہت کافی ہے۔ بعض صورتوں میں شادی کے لئے جوان ہونے کی شرط بھی ضرورت نہیں ہوتی۔ کمسنوں کے علاوہ ضعیف و معمر لوگ بھی شادی کر سکتے ہیں اور کرتے آئے ہیں۔ نتیجتاً شادی کرنے اور کر کے پچھتانے کا عام رواج ہے جو آدام تا ایندم چلا آرہا ہے۔ شادی ہر کس و ناکس کرتا ہے کیونکہ شامتِ اعمال جز و مقدر ہے اور انسانی زندگی آفات و بلیلات سے عبارت ہے۔ انسان خطا و نسیان کا پتلا ہے اور قدرت نے اسے صرف اس لئے پیدا کیا ہے کہ وہ زندگی اور پھر زندگی میں ازدواجی زندگی کا مزہ چکھ لے اور کہے کہ،

ہم بھی کیا یاد کریں گے کہ خدا رکھتے تھے

ازدواجی زندگی میں جو لوگ اپنی عمر عزیز کا بڑا حصہ ضائع کر چکے ہیں، انھوں نے اپنے پیچھے آنکھ بند کر کے چلے آنے والوں کے لئے چند اصول لکھ چھوڑے ہیں، انھیں

اصولوں کا نام گرہست شاستر ہے۔

اردو زبان میں اب تک کئی گرہست شاستریں لکھی جاچکی ہیں جن کے کئی کئی ایڈیشن چھپنے کے اشتہارات اس بات کا ثبوت ہیں کہ ان کے مصنفین کی ازدواجی زندگی خواہ کتنی ہی گئی گزری کیوں نہ ہو معاشی حیثیت سے وہ ضرور بے فکروں میں شمار ہونے لگے ہوں گے اور تھوڑا بہت انکم ٹیکس بھی ادا کرتے ہوں گے لیکن یہ شاستریں اب پرانی ہو چکیں۔ شوہروں اور بیویوں کے طرز فکر اور طرز معاشرت میں معاشی و سیاسی انقلابات نے بڑی تبدیلیاں پیدا کر دیں اور اس وقت مارکٹ میں کوئی ایسی گرہست شاستر موجود نہیں جو نو گرفتار شوہروں کے لئے مشعل راہ ہو اور ان کی نجی ضروریات کو پورا کر سکے۔ اسی قومی و ملی ضرورت کو پورا کرنے کی غرض سے زیر نظر مقالہ، نذر ناظرین کیا جارہا ہے۔ اہل نظر اس مقالہ کو یقیناً کام کی چیز پائیں گے۔ فاعتبر و یا اولی الابصار۔

گرہست شاستر (پہلا حصہ)

(کم عقل شوہر کے لئے)

بنیادی اصول، کسی نے کہا ہے، "عورت کا پریم مثل ربر کے ہے جتنا عورت سے پریم کرو وہ اتنا ہی زیادہ بڑھتا پھلتا ہے۔" اس لئے نو گرفتار شوہروں کو اولین مشورہ یہی دیا جاتا ہے کہ وہ اس پریم کے بارے میں پوری پوری احتیاط برتیں تاکہ یہ ربر زیادہ پھیلنے نہ پائے۔ اکثر گرہست شاستروں میں ہنری ونسنٹ کا مقولہ عموماً نقل کیا گیا ہے۔ موصوف کا کہنا ہے، "ایک عالی دماغ عورت کی صحبت ہر مرد کی زندگی کے لئے اچھی چیز ہے۔"

ہماری رائے میں گرہست شاستریں لکھنے والے شوقین، اس مقولہ کو گرہست شاستروں کے لئے چن کر ہنری ونسنٹ کے ساتھ سخت ناانصافی کرتے ہیں۔ اس مقولہ کو تو ان کتابوں کی زینت بننا چاہیے جو شادی کی مخالفت میں لکھی جائیں۔ عورت کے ساتھ

دماغ اور مزید برآں عالی دماغ کی شرط عائد کر کے ہنری ونسنٹ نے اپنے آپ کو دنیا کا بہترین طنز نگار ثابت کر دیا ہے۔

شیخ سعدی کا قول ہے، "اس گھر میں خوشی اور خوشحالی بار نہیں پا سکتی جس سے عورت کے چیخنے چلانے کی آواز باہر آیا کرتی ہو۔ اس کا مطلب صاف ہے کہ جو چیخے چلائے نہیں اس کے عورت ہونے میں شبہ ہے لیکن اس حقیقت کو جان لینے کے بعد بھی شوہروں کو ہمت اور استقلال سے کام لینا چاہیے اور ازدواجی زندگی میں مبتلا ہونے کے بعد اس امر کا خاص طور پر خیال رکھنا چاہئے کہ عورت خواہ خود گھر کے باہر ڈولی یا ڈولے میں چلی جائے لیکن اس کی چیخ، پکار گھر کے باہر نہ جانے پائے۔ غالبؔ نے اس کی بڑی کوشش کی لیکن ان کوششوں کا کوئی مفید نتیجہ برآمد نہ ہو سکا، پس مرحوم نے طے کیا کہ،

رہیے اب ایسی جگہ چل کر جہاں کوئی نہ ہو ہم سخن کوئی نہ ہو اور ہم زباں کوئی نہ ہو

موجودہ پرابلم بھرپور دور میں تبدیل مکان کا سوال ہی نہیں پیدا ہوتا اس لئے ہمارے نوجوان شوہروں یا شوہر نما مردوں کو پوری تندہی کے ساتھ عورتوں کے حلق سے ان کی چیخ و پکار مدھم سروں میں نکلوانے کی کوشش کرنی چاہئے بلکہ زیادہ بہتر ہو گا کہ شادی کے بعد وہ ایسے مکان میں رہائش اختیار کریں جو ساؤنڈ پروف ہو یا گھر میں ریڈیو کا بھی ہونا ضروری ہے تاکہ نازک موقعوں پر ریڈیو کی آواز کو پردہ کے طور پر استعمال کیا جا سکے۔ متوسط درجہ کے لوگ گرام فون استعمال کر سکتے ہیں۔ ایسے حضرات جو شادی کرنے کی نوبت پر ہوں اپنے مطالبات کی فہرست میں ریڈیو یا گرام فون کا ضرور اضافہ کر لیں۔

زیور اور لباس، یہ ایک دردناک حقیقت ہے کہ عورتیں، علاوہ اور شوقوں کے لباس اور زیور کی بڑی دلدادہ ہوتی ہیں۔ اس قسم کی بیویوں کے میاؤں کی توجہ ان دو اشتہارات

کی طرف مبذول کی جاتی ہے جن میں ریشمی کپڑا ایک روپے گز اور سونا دو روپے تولہ کا مژدۂ جانفزا سنایا گیا ہے۔ کپڑے کی دکان دہلی میں اور سونے کی دکان امرتسر میں ہے۔ ضرورت مند اصحاب نوٹ کرلیں۔ بنظر سہولت ہر دو اشتہارات کی نقلیں بطور ضمیمہ مقالہ کے آخر میں دی جائیں گی۔ لیکن جو حضرات، مقابلہ نگاروں کو ان دو فرمس کا کمیشن ایجنٹ سمجھیں گے وہ اپنا اس بدگمانی کا خمیازہ بروز حشر خود بھگتیں گے۔

تعریف کس کی کرنی چاہئے، بیویوں کو خوش رکھنے کے لئے پرانی گرہست شاستروں میں یہ ترکیب لکھی گئی ہے کہ شوہر موقعہ بہ موقعہ اپنی بیویوں کی صورت شکل کی تعریف کیا کریں۔ ہو سکتا ہے کہ اب تک یہ نسخہ کارگر ثابت ہوا ہو لیکن نئ قسم کی زوجائیں ایسے معمولی ٹوٹکوں سے قابو میں آنے والی چیز باقی نہیں رہیں۔ ان کی ذہنیت یکسر بدل چکی ہیں اور غالباً انھیں کسی نامعلوم ذریعہ سے یہ پتہ چل چکا ہے کہ ان کی صورت شکل کی تعریف کرکے مردوں کی عاقبت کافی خراب ہو چکی ہے۔ موجودہ زمانہ میں جن عورتوں کو فلم دیکھنے کا شوق ہے اور یہ شوق سبھی کو ہے، اُن کے سامنے خود ان کی اپنی تعریف کرنے کے مقابلہ میں ان کی پسندیدہ ایکٹرسوں کی تعریف کرنا زیادہ سود مند مانا گیا ہے۔ نئے خیالات کی بیویاں اپنے شوہروں کی اس بلندئ نظر اور پاکیزگی ذوق کے اظہار پر بڑی خوش ہوا کرتی ہیں لیکن اس بات کا خیال رکھا جائے کہ بیویوں کے سامنے سوائے ایکٹرس کے اور کسی عورت کی تعریف نہ کی جائے ورنہ بجز نقصان اور کچھ ہاتھ نہ آئے گا۔ اب یہ بات عورتیں ہی جانیں کہ اس تضاد خیالی میں ان کی کیا مصلحت ہے۔

ایکٹنگ سیکھنی چاہیے، پچھلے چند برسوں سے دیکھا جارہا ہے کہ جو شوہر اداکاری کے فن سے بے بہرہ ہیں وہ ازدواجی زندگی کے محاذ پر ناکام ثابت ہوتے ہیں۔ اس لئے شوہروں کو تھوڑی بہت ایکٹنگ ضرور سیکھنی چاہیے تاکہ گھر میں مختلف اوقات میں موقعہ

محل کی مناسبت سے محبت، خفگی اور رنج و غم کے اظہار میں مدد ملے اور بیوی کو بخوبی متاثر کیا جاسکے۔ میاں بیوی کے اعصابی جنگ اور سرد لڑائی میں فتح اسی کی ہوتی ہے جو حسب موقعہ بہتر ایکٹنگ کرسکے۔

زمانہ اب وہ نہیں جو پہلے تھا، لیکن پہلے بھی حق کو کب فتح نصیب ہوئی ہے۔

پڑوسن کا معاملہ، شوہروں کو یہ بھی معلوم ہونا چاہیے کہ ہر شخص کی ازدواجی زندگی پر کسی نہ کسی پڑوسن کا بلاواسطہ یا بالواسطہ ضرور اثر پڑتا ہے، بیویاں اگر اپنا راز کسی سے کہتی ہیں تو پڑوسن سے۔ میکے کے "خفیہ پولیس در آغوش" لوگوں کے بعد اگر بیویوں کا کوئی مونس و غمخوار ہوتا ہے تو پڑوسن۔ ان کے دکھ درد کا کوئی ساتھی ہے تو پڑوسن۔ غرض یہ کہ ان کے ہر مرض کی دوا پڑوسن ہے۔ کسی نوبت پر ممکن ہے آپ کو یہ شبہ ہونے لگے کہ یہ پڑوسن ہے یا زندہ طلسمات کی بڑے سائز کی شیشی۔ آپ جب بھی گھر میں داخل ہوں گے تو یا تو پڑوسن آپ کی بیوی کے گھٹنوں سے لگی بیٹھی پان چھالیہ سے شوق فرما رہی ہوگی یا خود بیوی پڑوسن کے ہاں غائب ہوں گی۔

یاد رکھئے پڑوسن سرخ خطرہ ہے اور اس کی جناتی موجودگی میں آپ کے اقتدار اور آپ کے دستار فضیلت کی خیر نہیں۔ پس اگر آپ اس خطرے کی بو سونگھ چکے ہیں تو عملی قدم اٹھانے میں دیر نہ کیجئے۔ پڑوسن سے چھٹکارہ پانے کی ایک اور صرف ایک ترکیب ہے، پڑوسن کی کبھی برائی مت کیجئے بلکہ بیوی کے سامنے اس کی تعریفیں شروع کردیجئے۔ دوسرے ہی دن انشاء اللہ آپ کے گھر کا دروازہ پڑوسن پر ہمیشہ ہمیشہ کے لئے بند ہوجائے گا بلکہ ممکن ہے آپ کے سامنے مکان بدلنے ہی مطالبہ پیش ہوجائے۔

میاں بیوی کی ان بن، میاں بیوی کی ان بن مشہور ہے اور یہ ہوتی بھی بڑی دلچسپ ہے۔ مثال کے طور پر اگر انور اور اس کی بیوی میں ٹھن جائے تو کئی دنوں تک ٹھنی رہے

گی حتیٰ کہ اس واقعہ جانکاہ کی اطلاع انور کے دوست اکبر کو پہنچے گی۔ اکبر کا جذبۂ دوستی فوراً جوش مارے گا اور وہ انور کے گھر پہنچ کر کسی نہ کسی ترکیب سے دونوں مسخروں میں صلح کرادے گا اور جب دونوں میں صلح ہو جائے تو چپکے سے انور کے کان میں کہے گا کہ دو دن سے ہمارے گھر میں بھی یہی حال ہے اور میں نے بھی قسم کھا رکھی تھی کہ جب تک وہ کھانا خود پیش نہ کریں گی میں کچھ نہ کھاؤں گا۔ یہ سن کر انور کو بڑا دکھ ہو گا اور وہ فوراً اپنی بیوی کو اکبر کے ہاں بھیجے گا تا کہ معاملہ کی یکسوئی ہو جائے۔ یہ بالکل سلامتی کونسل کا سا معاملہ ہے۔ سلامتی کونسل میں بھی ساری دنیا کے مدبرین اور سیاس جمع ہوتے ہیں اور وہ اپنے ملک کے سوا باقی تمام ممالک کے نظم و نسق کے بارے میں نہایت ہی اعلیٰ درجہ کی تجاویز پیش کرتے اور دنیا والوں سے خراج تحسین حاصل کرتے ہیں۔

یہ احمقانہ سلسلہ برسوں سے قائم ہے لیکن بات میاں بیوی کی ان بن کی تھی۔ شادی کے بعد ابتدائی دنوں میں ان بن مطلق نہیں ہوتی کیونکہ یہ فرصت کا مشغلہ ہے۔ اعداد وشمار سے ثابت ہوتا ہے کہ عام طور سے یعنی ۹۰ فیصد سے زیادہ واقعات میں میاں بیوی شادی کے تیسرے سال کے آغاز سے اپنے زندہ رہنے کا ثبوت دیتے ہیں۔ پہلے پل یہ ان بن حرکات و سکنات اور اشاروں کنایوں کی حد تک رہتی ہے اور رفتہ رفتہ ترقی کر کے تیز و تند گفتگو اور طعن و تشنیع کا درجہ اختیار کرتی ہے۔ سپاہی اور پہلوان پیشہ خاندانوں میں یہ ان بن بابو راؤ پہلوان اور مس ناڈیا کے شاندار اور سنسنی خیز فلمی کارناموں کا روپ دھارتی ہے اور بعض سفید پوش لیکن گرم مزاج لوگوں میں یہی ان بن سپر دستن ہو جایا کرتی ہے۔ اس لئے بزرگوں نے ان بن سے نمٹنے کے اُپائے لکھ دیئے ہیں جن میں سب سے زیادہ مضحکہ خیز اُپائے یہ ہے کہ ان بن ہونے ہی نہ پائے۔

ہم اپنے مقالہ میں ایسی مہمل تجویز لکھ کر ناظرین کا دل نہیں دکھانا چاہتے۔ اس میں شک نہیں کہ عام طور پر میاں بیوی قسم کے لوگوں کو یہ کوشش کرنی چاہئے ان بن نہ ہونے پائے اور اس کی ہمارے نزدیک صرف ایک ترکیب ہے کہ انسان خود کو واٹر پروف بنالے۔

ہم بذات خود ایسے لوگوں سے ملے ہیں جنھوں نے اپنے آپ کو واٹر پروف بنالیا ہے اور ہم نے محسوس کیا ہے کہ ایسے لوگ حساس اور رقیق القلب لوگوں کے مقابلہ میں بدرجہ خوش رہتے ہیں۔ ان کے گھر سے نہ تو بیوی کی آواز باہر نکلتی ہے اور نہ ہی باورچی خانہ کا دھواں لیکن اس کے باوجود ان بن ہونے کے امکانات بالکل ختم نہیں ہوجاتے کیونکہ دنیا کا کوئی گھر خواہ وہ سلامتی کونسل کے پریسڈینٹ کا ہو یا جنرل سکریٹری کا ان بن سے محفوظ نہیں اور اگر کسی گھر میں ایسا نہیں ہوتا تو اسے گھر نہیں ہوٹل سمجھنا چاہیے۔ اس لئے ہم ان بن کو ازدواجی زندگی کا جزولاینفک بلکہ زیادہ صحیح الفاظ میں طرہ امتیاز سمجھتے ہیں۔ اس خیال کے تحت ذیل میں ایک عمل درج کیا جاتا ہے جو ان بن کے وقوع پذیر ہونے کے بعد شوہروں کو شروع کرنا چاہئے۔ اس عمل کے نتائج یقینا مفید بر آمد ہوں گے، عمل یہ ہے۔

عمل مصالحت، لڑائی کا دن بخیر و خوبی گذر جائے اور رات جب اپنی زلفیں بکھیر دے تو شوہر اپنے بستر پر لیٹنے کے بعد پہلے اول کلمہ طیبہ پڑھے اور پھر نہایت خضوع وخشوع کے ساتھ تاریخ عالم کے کسی بڑے ہیرو مثلاً نپولین بوناپارٹ، سکندر اعظم، امیر تیمور، راجہ پورس وغیرہ میں سے اپنی پسند اور یاد کے مطابق کسی ایک کا دھیان کرے اور دل ہی دل میں اس ہیرو کی تعریف کرے کہ واہ کیا جلیل القدر اور عظیم المرتبت آدمی تھا جس نے بڑی سے بڑی آفت کی پرواہ نہ کی اور ایک ہم ہیں کہ صرف ایک ادنیٰ بیوی سے ان بن ہو جانے پر زندگی سے بیزار ہوگئے ہیں۔ تُف ہے ہماری کم ہمتی پر، دیر تک انھیں

شرمناک خیالات میں گُم رہے اور سوجائے۔ سوتے میں اگر معدہ کی گڑبڑنے مدد کی تو ضرور عبرت آموز خواب دکھائی دیں گے۔ صبح تڑکے ہی اٹھ بیٹھے اور حوائج ضروری سے فارغ ہونے سے پہلے قبلہ رو کھڑے ہوکر اپنے آپ پر نفریں بھیجے۔

اس عمل کے لئے پانچ منٹ کا وقت کافی ہے۔ جب دل کی بھڑاس نکل جائے تو حوائج ضروری سے فارغ ہو، شوہر خود کو نہایت ہلکا پھلکا محسوس کرے گا۔ بعد ازاں شیو کرے۔ صاف ستھرے کپڑے پہنے، بالوں میں تیل اور آنکھوں میں سرمہ لگائے اور اس دوران میں کوئی تازہ فلمی دھن گنگناتا رہے۔ اس عمل سے شوہر کو اپنے روئیں روئیں میں خوشی کا جذبہ سرایت کرتا محسوس ہوگا۔ جب اطمینانِ کلی ہوجائے کہ وقت آپہنچا تو بیوی کی سمت مسکراکر دیکھے بلکہ ہوسکے تو بتیسی نکالئے۔ یقین واثق ہے کہ بیوی اس نمائش دندانی کا ترکی بہ ترکی جواب دے گی یعنی پہلے وہ شرمائے گی۔ اب آپ کو فوری عملی اقدام کرنا چاہئے۔ عمل پورا ہوگیا جسے ناظرین نسخہ کیمیاء سمجھیں اور عند الضرورت بلا تکلیف استعمال کریں۔

راز کی بات، جہاں ہم نے اتنی بیش قیمت اور انوکھی باتیں بیان کردی ہیں، وہیں ہم ایک راز کی بات ناظرین کو بتادینا اپنا مذہبی فریضہ سمجھتے ہیں۔ وہ راز کی بات یہ ہے کہ بیویوں میں خواہ اور کوئی خوبی ہو یا نہ ہو ایک خوبی ضرور ہوتی ہے کہ وہ اپنے شوہروں کو شوہر کے دوستوں کے مقابلہ میں ہمیشہ بھولا بھالا اور معصوم سمجھتی ہیں اور شوہر کی ساری برائیوں کے لئے شوہر کو نہیں شوہر کے دوستوں کو ذمہ دار ٹھہراتی ہیں اور اس عقیدہ پر وہ اپنا ایمان رکھتی ہیں۔ بس یہی ایک بات عورتوں کو سارے قصور معاف کروادیتی ہے اور ہم مردوں کو اللہ میاں کی مصلحت کا قائل ہوجانا پڑتا ہے کہ انہوں نے عورتوں کو اتنا سمجھدار بنایا۔ آسان لفظوں میں یوں سمجھ لیجئے کہ حامد جو آپ کا نہایت ہی قدیم دوست

ہے آپ کی بیوی کی نظروں میں اتنا ہی برا ہے جتنے آپ حامد کی بیوی کی نظروں میں برے ہیں لیکن لطف یہ ہے کہ آپ دونوں اپنی اپنی بیویوں کی نظروں میں نہایت سیدھے سادے انسان ہیں۔

بس اس کی کوشش کیجئے کہ بیوی کی یہ غلط فہمی ہمیشہ قائم رہے۔ اگر آپ نے اپنے گھر میں اپنے دوستوں کی پارسائی جتانی چاہی تو آپ جیسا نااہل اور نادان شخص کوئی اور نہ ہو گا لیکن دنیا میں ایسے بھی بدقسمت بستے ہیں جن کی بیویاں الٹی سمجھ رکھتی ہیں اور جو اپنے شوہروں سے کہتی ہیں کہ تم تو تباہ ہو ہی چکے اپنے دوستوں کو بھی تباہ کر رہے ہو، اس قسم کی دہشت پسند بیویوں سے نمٹنا ذرا مشکل ہے۔ ہم اگر قنوطی ہوتے تو ایسے لوگوں کو صبر و شکر کرنے کا مشورہ دے کر علیحدہ ہو جاتے لیکن یہ بات ہمارے منصب کے شایان شان نہ ہو گی، اس لئے ہم اپنے مقالہ میں ایسے کم نصیب شوہروں کے لئے بھی یہ نسخہ تجویز کرتے ہیں کہ اس قسم کے بیویاں رکھنے والے شوہروں کو بالکل ہی ناامید نہ ہونا چاہئے بلکہ ان کی کوشش یہ ہونی چاہئے کہ وہ ایسے دوست تلاش کریں جو خود ان سے بھی دو چار ہاتھ آگے ہوں۔ جب بیوی پر اپنے شوہر کے نئے دوستوں کا حال کھلے گا تو توقع کی جا سکتی ہے کہ اس کے خیالات میں خاطر خواہ تبدیلی ہو گی کیونکہ عورتوں میں موازنہ کرنے کی صلاحیت ضرور موجود ہوتی ہے اور یہی صلاحیت شوہروں کے حق میں فال نیک ہے۔

دس نکاتی پروگرام، مقالہ ختم کرنے سے پہلے ہم اپنے ناظرین کے لئے ایک دس نکاتی پروگرام پیش کرنے کی سعادت حاصل کرنا چاہتے ہیں جو شوہر مندرجہ ذیل پروگرام پر عمل کریں گے انھیں کبھی کوئی کشٹ نہ ہو گا۔

(۱) اگر تم ملازم پیشہ ہو تو کبھی بیوی کو نہ بتاؤ کہ تمہاری تنخواہ کیا ہے۔ (۲) گھر میں خاموش رہنے کی عادت ڈالو۔ شادی کے پہلے ہی دن پر یہ ظاہر کرو کہ تم کم سخن ہو، باتیں

جتنی کم ہوں گی اتنا ہی سکون ہو گا۔ (۳) جب بیوی کو کہیں ساتھ لے جانا ہو تو اسے کم سے کم چھ گھنٹوں کی مہلت دو۔ (۴) بیوی کی طرف ہمیشہ مسکرا کر دیکھو لیکن اس طرح نہیں کہ اسے شبہ ہو جائے کہ تم اسے احمق سمجھ کر مسکرایا کرتے ہو بلکہ کچھ اس طرح جس سے وہ سمجھے کہ تم خدا کی قدرت کا تماشہ دیکھ کر مسرور ہوتے ہو۔ بہر حال گھر میں ہمیشہ تمہاری باچھیں کھلی رہیں۔ (۵) بیوی سے جب بھی بات کرو تو دھیمی آواز سے گویا قبر کے اندر سے بات کر رہے ہو اس کی باضابطہ مشق کرنی چاہیئے۔ (۶) بیوی کو بھی خط لکھو تو اپنے خط میں دو چار اشعار ضرور لکھو مثلاً:

کبھی بھیجا نہ تم نے ایک پرچہ : ہمارے دل کو پرچایا تو ہوتا

یا یہ کہ

تم نے کیا نہ یاد کبھی بھول کر ہمیں : ہم نے تمہاری یاد میں سب کچھ بھلا دیا

(اگر زندگی نے وفا کی اور غم ایام نے فرصت دی تو شوہروں کے لئے نمونے کے اشعار علیحدہ چھپوائے جائیں گے لیکن یہ کوئی حتمی وعدہ نہیں ہے اس لئے شوقین حضرات اپنے مطلب کے اشعار خود تلاش کر لیں۔) (۷) اپنی بیوی میں دنیا کی خوبیاں مت ڈھونڈو۔ اگر بیوی میں حسن اتفاق سے ایک آدھ بات بھی کام کی نظر آجائے تو اسے غنیمت سمجھ کر اپنی خوش قسمتی پر ناز کرو اور سجدۂ شکر بجالاؤ۔ (۸) اس لمحہ سے ڈرو جب بیوی رونے پر آجاتی ہے کیونکہ بیویوں کو شبنم کی طرح رونا نہیں آتا۔ (۹) شادی کرنے کے بعد اپنی زندگی کا ضرور بیمہ کروالو۔ کیونکہ شادی کے بعد زندگی کا بھروسہ ہی کیا ہے۔ (۱۰) اور آخری نکتہ یہ ہے کہ صبر کرنا سیکھو۔ آدمی جتنا صبر کرے گا اتنا ہی زیادہ مسرور ہو گا۔

***

ہم بھی شوہر ہیں

آدمی کو بگڑتے دیر نہیں لگتی۔ اچھا بھلا آدمی دیکھتے دیکھتے شوہر بن جاتا ہے۔ یہ سب قسمت کے کھیل ہوتے ہیں اور اس معاملے میں سب کی قسمت تقریباً یکساں ہوتی ہے۔ شوہر کی لکیر سب کے ہاتھ میں ہوتی ہے اور ہاتھ کی لکیروں میں یہی ایک لکیر ہوتی ہے جس سے سب فقیر ہوتے ہیں۔ شوہر بننا کوئی معیوب فعل نہیں ہے اور اگر ہے بھی تو اس خرابی میں بھی تعمیر کی صورت پیدا ہو سکتی ہے۔ کہا جاتا ہے کہ ان شوہروں کی زندگی بہت اچھی گزرتی ہے جنھیں کبھی یہ یاد نہ آئے کہ وہ شوہر ہیں۔

ہمارے دوست ابوالفصاحت عالم قدر نے اسی طرح زندگی گزاری۔ ان کی شادی کو بارہ سال تو ہو ہی گئے ہوں گے لیکن کیا مجال جو ان بارہ سالوں میں انھیں ایک لمحے کے لئے بھی یہ گمان گزرا ہو کہ وہ شوہر ہیں۔ ہماری ان سے بہت گہری دوستی ہے۔ یہ ہمارے اسکول کے ساتھی ہیں۔ اسکول کے نام سے کہیں آپ یہ نہ سمجھ لیں کہ انھوں نے اسکول میں کچھ پڑھا بھی ہے۔ یہ تو صرف اخلاقاً اسکول آتے تھے۔ شروع ہی سے بڑے نصیب والے ہیں۔

ان کی سب سے بڑی خوش قسمتی تو یہ ہے کہ ان کے والد نے زیادہ عمر نہیں پائی۔ یہی رہے ہوں گے کوئی ۴۵-۴۶ سال کے جب ان کا انتقال ہو گیا اور ابوالفصاحت ان کی جائیداد کے تنہا وارث قرار پائے، ان کے والد مرحوم جن کا نام شہنشاہ بیگ تھا، کی دو

بیویوں نے ان کی زندگی ہی میں ان سے علیحدگی حاصل کرلی تھیں اور اس طرح شوہر کا داغ مفارقت سہنے سے بچ گئی تھیں۔ جاتے وقت مہر کی ایک موٹی رقم کے علاوہ زیور گہنے چاندی کے برتن اور کچھ الکٹرانک سامان ساتھ لیتی گئیں لیکن شہنشاہ بیگ کی پیشانی پر شکن تک نہیں آئی۔ ان کی پیشانی پر شکن نہ آنے کی دو وجہیں تھیں۔ ایک تو یہ ان کی پیشانی پر یونہی بل پڑے رہتے تھے اور دوسرے یہ کہ اللہ کا دیان ان کے پاس اتنا تھا کہ انھیں پتہ ہی نہیں چلا کہ ان کی دو بیویاں کیا ساتھ لے گئیں۔

ابو الفصاحت عالم، شہنشاہ بیگ کی اولین بیوی کی اولاد تھے جو ان دونوں بیویوں سے پہلے ان کے نکاح میں آئی تھیں۔ نیک خاتون تھیں اس لئے زیادہ دن زندہ نہیں رہیں۔ عالم قدر کی ولادت کے بعد ہی ان کا انتقال ہو گیا تھا اور اسی لئے شہنشاہ بیگ نے یکے بعد دیگرے دو اور شادیاں کی تھیں کہ خود کا اپنا دل بھی بہلا رہے اور عالم قدر کی تھوڑی بہت تربیت بھی ہوتی رہے، ان دونوں بیویوں کو انھوں نے کوئی خاص زحمت بھی نہیں دی اور اپنی مساعیٔ جمیلہ سے انھیں بے اولاد ہی رہنے دیا۔ ان میں سے ایک بیوی کا نام غالباً جمیلہ تھا بھی لیکن یہ سب باتیں میں آپ کو کیوں بتا رہا ہوں۔ بات تو صرف یہی کہنی ہے کہ ابو الفصاحت عالم قدر کس قسم کے شوہر ہیں۔ ان کے آباواجداد کے متعلق کچھ کہنا اس لئے ضروری ہو گیا کہ ان کا پسِ منظر آپ کے پیش نظر آسکے۔ شہنشاہ بیگ بہت زیادہ متین آدمی تھے۔ ہنسنا تو دور رہا مسکراتے بھی نہیں تھے۔ لوگ منتظر رہتے تھے کہ شاید عید بقر عید کے موقعے پر مسکرائیں گے لیکن کئی عیدیں یونہی گزر جائیں۔ ایک بقر عید پر جب وہ مسکرائے تھے تو کہا جاتا ہے کہ کئی سال تک اس کا چرچا رہا اور لوگ حیرت زدہ رہے۔

ان کی دو بیویوں کی علیحدگی کی وجہ بھی یہی بیان کی جاتی ہے۔ نہیں نہیں ان کے مسکرانے کی وجہ سے وہ علیحدہ نہیں ہوئیں بلکہ اپنے کمانڈر اِن چیف کی متانت ان سے

برداشت نہیں ہو سکی۔ شہنشاہ بیگ شوہر کی حیثیت سے بالکل کمانڈر ان چیف تھے۔ گھر میں ہمیشہ مارشل لاء کی کیفیت رہتی تھی۔ ہمارے دوست ابوالفصاحت کے اسکول آنے کی ایک وجہ یہ بھی تھی۔ ان کے ساتھ ایک ملازم ایک بڑا سا توشہ دان اور ایک صراحی ضرور آیا کرتی تھی۔ جب یہ میٹرک میں پہنچے تو شہنشاہ بیگ نے ان کی شادی کر دی۔ میٹرک میں پہنچنے سے پہلے ہی یہ شادی کی عمر کو پہنچ چکے تھے اور آدمی کسی اور قابل ہو یا نہ ہو شادی کے قابل تو ہوتا ہی ہے۔

شہنشاہ بیگ کو اپنے بیٹے کی طرف سے کوئی خدشہ نہیں تھا لیکن اتنے بڑے گھر میں بہر حال ایک خاتون کی ضرورت تھی۔ ہم ان کی شادی میں بھی شریک ہوئے اور چند ہی دن بعد ہم نے دیکھا کہ ابوالفصاحت عالم قدر کے رگ و ریشہ میں بیوی سرایت کر گئی ہیں۔ یہ بالکل ریشہ خطمی ہو کر رہ گئے تھے اور خود ان کے والد شہنشاہ بیگ میں حیرت ناک تبدیلی پیدا ہو گئی تھی۔ وہ مسکرانے لگے تھے۔

دلہن نے سب سے پہلے تو عالم قدر کو اسکول سے چھٹی دلا دی یہ کہہ کر کہ میرے بھولو شاہ! شادی شدہ لوگ مدرسے میں پڑھنے نہیں پڑھانے جایا کرتے ہیں۔ پھر ان سے کہا صبح اٹھ کر سب سے پہلے نہایا کرو، شیو بھی روز کیا کرو۔ خود نہیں کر سکتے تو کسی کا راتب لگوا لو۔ دوپہر میں جتنا کھانا کھاتے ہو اگر اتنا ہی کھانا ہے تو ناشتہ مت کیا کرو۔ شطرنج کھیلنی ہے تو صرف ان دوست کو شام کے وقت بلایا کرو، دوست کا اشارہ ہماری طرف تھا اور اسی لئے ان کی دلہن ہمیں بہت پسند آئیں۔ لہجہ ذرا سخت تھا لیکن صورت شکل کے معاملے میں ان کے خلاف کوئی لفظ نہیں کہا جا سکتا۔

صورت سے ملازم ضرور خوف کھاتے تھے لیکن اس کی وجہ وہ دبدبہ تھا جو ان کے چہرے کا ایک حصہ تھا۔ ملازموں کے لئے انھوں نے ایک یونیفارم بھی مقرر کر دیا تھا کہ

اپنے شوہر کو پہچاننے میں دقت نہ ہو۔ معلوم نہیں ہمارے آنے جانے پر انھیں کیوں کوئی اعتراض نہیں ہوا۔ شاید وہ جانتی تھیں کہ ان کے میاں صرف اس وقت کھل کر سانس لیتے ہیں جب وہ ہمارے ساتھ ہوں۔ دلہن کی موجودگی میں ان کی سانس اکھڑی اکھڑی رہتی تھی۔ ان کا نام بھی ابوالفصاحت دلہن ہی نے رکھا تھا۔

کہتی تھیں ہمارے خاندان کا یہ دستور رہا ہے کہ اپنے داماد کا ایک سسرالی نام ضرور رکھیں۔ ان کی بے پناہ خاموشی کو دیکھتے ہوئے انھوں نے ہمارے دوست کے لئے یہ نام تجویز کیا تھا جسے دلہن کے والد محترم اور والدہ محترمہ کے علاوہ برادران نسبتی نے بھی پسند فرمایا تھا۔ شہنشاہ بیگ کو اپنی دو بیویوں کے چلے جانے کے بعد گھر خالی خالی نظر آ رہا تھا۔ اپنے بیٹے کی شادی کے بعد خود انھیں اپنے گھر میں رہنے کے لئے بھی ٹھکانہ ڈھونڈنا پڑتا تھا۔

ابوالفصاحت کے سسرالی عزیز و اقارب اسی گھر میں منتقل ہو گئے تھے اور دلہن کو شادی کے بعد کبھی میکے جانے کی ضرورت پیش نہیں آئی۔ اتفاق سے دلہن کے دو بھائی، ابوالفصاحت کے ہم جسامت تھے۔ یہ دونوں ابوالفصاحت ہی کے کپڑے پہنتے تھے۔ کہتے تھے کہ بڑے با برکت کپڑے ہیں جب بھی ابوالفصاحت کے جسم پر کوئی نیا کپڑا دیکھتے ان کے برادر نسبتی کو ضرور پسند آ جاتا اور دلہن کے کہنے سے ابوالفصاحت اسے فوراً اتار کر برادر نسبتی کی خدمت میں اس طرح پیش کرتے جیسے سکندر اعظم نے پورس کو اپنی تلوار پیش کی تھی۔ نہیں نہیں یہ مثال ٹھیک نہیں ہے، وہ محمد شاہ اور نادر شاہ کی مثال مناسب معلوم ہوتی ہے۔ ابوالفصاحت اپنا نیا زری کے کام کا کرتا اتار کر اپنے برادر نسبتی کی خدمت میں اس طرح پیش کرتے جس طرح محمد شاہ نے اپنی پگڑی جس میں کوہ نور کا ہیرا چھپا تھا، اتار کر نادر شاہ کے سر پر رکھ دی تھی۔ سر پر رکھی تھی یا نہیں ٹھیک سے کہا نہیں جا سکتا لیکن وہ پگڑی نادر شاہ کے پاس پہنچ گئی تھی۔

ابوالفصاحت عالم قدر کو خود کے شوہر ہونے کی بات اس لئے بھی کبھی یاد نہیں آئی کہ شہنشاہ بیگ کے انتقال کے بعد ان کے اتنے عزیز و اقارب پیدا ہو گئے تھے کہ ان سب سے نمٹنا ان کے لئے آسان بات نہیں تھی۔ یہ کام دلہن نے کیا۔ باقی جو بچا دلہن کے بھائیوں نے کیا۔ دلہن کے بھائیوں کو دیکھنے کی تاب بہت کم لوگوں میں تھی۔ ابوالفصاحت کے گھر منتقل ہو جانے کے بعد ان لوگوں کی صحت اور تندرستی میں غضب کی ترقی ہوئی تھی۔ اچھا ہوا کہ ان دونوں بھائیوں میں خون کے رشتے کے علاوہ بھائی چارہ بھی بہت تھا ورنہ اگر کبھی ابوالفصاحت کے نئے کرتے یا پاجامے کے لئے ان دونوں میں ہاتھا پائی ہو جاتی تو گھر کی بنیادیں ہل جاتیں۔ اتنے طاقتور تو دونوں تھے ہی۔ انھیں دیکھ کر ہی شہنشاہ بیگ کے خود ساختہ اور نو ساختہ رشتہ دار میلوں دور بھاگ گئے اور عدالت جانے کی ان میں ہمت نہیں ہوئی۔

ابوالفصاحت کے ان دونوں برادران نسبتی سے ہماری بھی بہت دوستی ہو گئی کیونکہ جب بھی ہم شطرنج کھیلنے بیٹھتے یہ دونوں یا ان دونوں میں سے کوئی ایک ضرور آ موجود ہوتا، ابوالفصاحت کو نئی نئی چالیں بتاتا اور ان کے گھوڑے ڈھائی کے بجائے ساڑھے تین گھر چلتے لیکن ہماری کبھی اتنی ہمت نہیں ہوئی کہ ہم ان پر برادر نسبتی کی موجودگی میں اس گھوڑے کی اس زبردست چھلانگ پر اسے ٹوک سکتے۔ ان کے برادر نسبتی میں اتنی طاقت تھی کہ وہ گھوڑے تو گھوڑے اونٹ کو بھی چھلانگ لگانے کی ہدایت دے سکیں۔ ہم نے ان سے اسی لئے دوستی کر لی۔

ابوالفصاحت کو یوں بھی سر اٹھا کر چلنے کی کبھی عادت نہیں ہوئی۔ انھوں نے شاید ہی کبھی اپنے سر کو اوپر اٹھایا ہو۔ کبھی کبھی چاند کو دیکھ لیا تو دیکھ لیا۔ چاند دیکھنا بھی انہوں نے ترک ہی کر دیا تھا کیونکہ ایک مرتبہ اپنی حویلی کی چھت پر وہ سب کے ساتھ رمضان

نوکری کی تلاش میں (طنز و مزاح) 40 یوسف ناظم

کا چاند دیکھنے گئے تو چاند انھیں نظر آ گیا تھا اور جب انھوں نے یہ کہا کہ چاند انھوں نے دیکھ لیا ہے تو ان کی دلہن نے انھیں منع کر دیا، یہ کہہ کر کہ جب تک ہم چاند نہ دیکھ لیں تم نہیں دیکھ سکتے اور تھوڑی دیر بعد سبھی لوگ چھت سے اتر آئے اور اعلان کر دیا کہ چاند نہیں ہوا ہے۔ جب رات میں ریڈیو پر چاند کے ہو جانے کی خبر نشر ہوئی تو دلہن نے ابوالفصاحت سے جواب طلب کیا کہ تم نے تو انھیں فون نہیں کیا تھا۔ فون پر ان کی انگلیوں کے نشانات بھی ڈھونڈے گئے۔

ہم نے ابوالفصاحت سے کبھی ہمدردی نہیں کی۔ ہمدردی اس شخص سے کی جاتی ہے جسے کوئی دکھ ہو، غم ہو، وہ کسی بات پر رنجیدہ ہو، افسردہ ہو، ابوالفصاحت میں ہم نے کبھی کوئی ایسی بات نہیں دیکھی۔ ان تک تو صرف دلہن کی رسائی تھی، کوئی اور احساس ان کے نزدیک پھٹک بھی نہیں سکتا تھا۔ احساس سے عاری ہونا بھی ایک نعمت ہے۔ ابوالفصاحت کی دلہن یعنی ایک لحاظ سے ہماری بھابی کی انتظامی صلاحیتوں کے بارے میں دو رائیں نہیں ہو سکتیں۔ بھابی تو ہم نے آپ کے سامنے کہہ دیا ورنہ انھیں بھابی ہم نے کبھی کہا نہیں، ہمیشہ دلہن پاشاہی کہا وہ بھی بڑے ادب سے۔ ابوالفصاحت بھی انہیں دلہن پاشاہی کہتے ہیں لیکن کہنے میں ذرا ادب زیادہ ہوتا ہے۔ دلہن البتہ انھیں اے جی کہتی ہیں اور لہجہ تو ہم نے پہلے ہی آپ کو بتا دیا کہ سخت ہوتا ہے کیونکہ وہ ہے ہی سخت۔

کئی مرتبہ ایسا ہوا کہ ابوالفصاحت گھنٹوں ہمارے ساتھ تنہا رہے ہوں لیکن کبھی انھوں نے ہم سے اپنا درد دل بیان نہیں کیا۔ اب تو یہ بھی بھول گئے ہیں کہ وہ کہاں کے رہنے والے ہیں ان کی دلہن نے انہیں کہیں کا رکھا ہی نہیں۔ ہاں دلہن نے ان کی زراعت اور کرایے کی کوٹھیوں کا انتظام اپنے ہاتھ میں نہ لے لیا ہوتا اور اتنی جلدی سے اس کی دیکھ بھال نہ کی ہوتی تو ابوالفصاحت اب تک کوڑیوں کے مول بک چکے ہوتے۔ دلہن ان سے

بھی خاصے گھر کے کام کروالیتی ہیں۔ دھوبی کے کپڑے لکھنا انہیں کے ذمے ہے۔ سرکاری بل میونسپلٹی کے بل، ریڈیو کالائسنس ان سب کی ادائیگی بھی انہیں کے سپرد ہے کیونکہ ان میں کوئی خرد برد نہیں ہوسکتی۔ البتہ شاپنگ پوری کی پوری وہ خود کرتی ہیں۔ ان سے آج تک انھوں نے کوئی دو روپے کی چیز تک نہیں منگوائی۔

ابوالفصاحت کو نقد جیب خرچ بھی نہیں دیا جاتا تھا۔ کہتی ہیں جو چیز بھی چاہو منگوا دوں گی اور جب بھی یہ کسی چیز کی فرمائش کرتے ہیں ان کے نقصاندہ ہونے کا ذکر چھڑ جاتا ہے۔ سگریٹ یہ پی نہیں سکتے، اس سے کینسر ہو جاتا ہے۔ پان نہیں کھا سکتے، اس سے دانت خراب ہو جاتے ہیں لیکن صرف مردوں کے، خود وہ دن بھر پان کھاتی رہتی ہیں۔ سینما وہ جاسکتے ہیں لیکن صرف دلہن کے ساتھ یا زیادہ سے زیادہ کسی ایک برادر نسبتی کے ساتھ اور وہ بھی صرف وہ پکچر دیکھ سکتے ہیں جو ان کے برادر نسبتی دیکھنا چاہیں اور وہ بھی اس دن جب ان کے برادر نسبتی جانا چاہیں۔ ابوالفصاحت لہو ولعب کے آدمی بھی نہیں۔ کرکٹ کی کمنٹری سبھی سنتے ہیں لیکن انھیں وہ سننا بھی پسند نہیں۔ کہتے ہیں یہ کرکٹ میدان میں گلی کہاں سے آگئی۔ یہ بھی کوئی کھیل ہوا۔

ایسا سعادت مند شوہر جو اپنی بیوی کے سامنے کرسی پر بیٹھتا تک نہ ہو ہماری نظر سے نہ گزرا۔ اس میں شک نہیں ہم نے بھی اپنے گھر میں کبھی یہ نہیں کہا کہ ہم بھی شیر ہیں۔ کئی سال پہلے ایک مرتبہ کہا تھا تو اس کا نتیجہ کچھ اچھا نہیں نکلا تھا۔ تاہم ابوالفصاحت عالم قدر کی حد تک خدا کسی کو نہ پہنچائے۔ ایسا معلوم ہوتا ہے کہ ان کی دلہن نے انھیں ہر ضرورت سے بے نیاز کر دیا ہے اور اب وہ ضرورت کو جاتے بھی ہیں تو دلہن سے پوچھ کر ہی جاتے ہیں۔

***

نتیجہ غالب شناسی کا

مرزا غالب جتنے بڑے شاعر تھے اتنے ہی بلکہ اس سے کچھ زیادہ ہی دانشمند اور دور اندیش آدمی تھے۔ انھیں معلوم تھا کہ ایک وقت ایسا آئے گا جب ان کے وطن میں ان کا کلام سخن فہموں کے ہاتھوں سے نکل کر ہم جیسے طرف داروں کے ہاتھ پڑ جائے گا اس لیے انہوں نے باکمال ہوشیاری یہ مشورہ دیا تھا کہ بھائیو! میر افارسی کلام پڑھو اور اردو کلام سے احتراز کرو کیونکہ اس میں میر ا رنگ ہے نہیں۔ لیکن ان سے غلطی یہ ہوئی کہ یہ مشورہ انہوں نے بزبان فارسی دیا اور یہ شعر ان کے اردو دیوان میں شامل نہیں کیا جاسکا۔ ادب بھی شطرنج کا کھیل ہے اور کون سی چال الٹی پڑے گی یہ بعد میں معلوم ہوتا ہے۔ نتیجہ یہ ہوا کہ غالب قیدِ حیات سے تو چھوٹے لیکن بندِ غم سے نہیں چھوٹ سکے۔ یہ بندِ غم ان کے شارحین اور ناقدین کی دین ہے۔ عطائے تو، لقائے تو اسے ہی کہتے ہیں۔

ہمارے ہاں غالب شناسی کا رواج کوئی ۵۰ سال پہلے شروع ہوا ہوگا۔ شروع شروع میں یہ بڑا مشکل کام تھا اور صرف پڑھے لکھے لوگ غالب کی طرف متوجہ ہوا کرتے تھے۔ جسے بھی اپنی عمر کے بیشتر حصے کی تباہی اور اپنی صحت کی بربادی مقصود ہوتی وہ غالب کے کلام کی شرح لکھنے کا کام اپنے ذمے لیتا۔ رفتہ رفتہ یہ فن فیشن بن گیا اور پھر اس فن نے مرض کی صورت اختیار کرلی۔ غالب صدی میں تو ہر شخص غالب کے اشعار گنگنانے لگا۔ بے روزگار نوجوان اپنی ملازمت کی درخواستوں میں یہ لکھنے لگے کہ وہ کبڈی اور کیرم کے

علاوہ غالب بھی جانتے ہیں۔ معزز لوگوں نے محفلوں میں اعلان کرنا شروع کیا کہ ان کی ہابی غالب ہیں اور ایک اونچے درجے کے کلب کی صدارت کے امید وار کے حق میں یہ کہہ کر ووٹ حاصل کیے گئے کہ موصوف گولف اور غالب دونوں کے ماہر ہیں۔ کہا جاتا ہے ایک زمانے میں ایسا کڑا وقت فرانس پر بھی آیا تھا جب ہر شخص کو پکاسو کی (اصلی یا جعلی) پینٹنگ اپنے دیوان خانے میں لٹکانی پڑی تھی اور آرٹ کی دلدادہ خواتین میں سے چند نے اپنے شوہروں سے صرف اس لیے طلاق حاصل کرلی تھی کہ ان کے شوہر پکاسو کے فن پر بحث نہیں کرسکتے تھے۔ (حالانکہ یہ بحث صرف دو منٹ کی ہوتی تھی)

غنیمت ہے کہ ہمارے ہاں غالب نے لوگوں کی ازدواجی زندگی میں کوئی رخنہ نہیں ڈالا۔ وہ صرف مردانے میں رہے۔ ممکن ہے کہ اس کی یہ وجہ بھی رہی ہو کہ ہمارے ہاں خواتین کا ذوق ابھی اتنا بگڑا نہیں ہے کہ وہ غالب پر بات چیت کر کے زیور، لباس اور غیر حاضر خواتین کے عیوب جیسے اہم مسائل کو نظر انداز کردیں۔

ذوق کے لفظ پر یاد آیا کہ ذوق بھی غالب ہی کے عہد میں شاعری کرتے تھے اور دربار شاہی سے خِلعت کے علاوہ انھیں ہاتھی بھی انعام میں ملا کرتے تھے۔ اس زمانے میں ہاتھی ہی سب سے زیادہ معزز سواری تھی۔ اس میں شک نہیں کہ نادر شاہ جب ہندوستان آئے تو انھیں یہ سواری پسند نہیں آئی لیکن نادر شاہ بذات خود عامیانہ ذوق کے آدمی تھے ان میں بلند خیالی کا فقدان تھا اس لیے ہر معاملے میں اور خاص طور پر ہاتھی جیسی معتبر اور منفرد شخصیت کے بارے میں ان کی رائے قابلِ قبول نہیں ہوسکتی۔ شاعری کا صحیح زمانہ واقعی وہی زمانہ تھا۔ ایک قصیدہ کہو ہاتھی لے لو، ایک غزل کہو دو چار گھوڑے لکھوالو۔ کیا زمانہ تھا۔ شعر کہنے پر گاؤں ملا کرتے تھے آج شعر کہو تو لوگ گاؤں سے باہر کردیتے ہیں۔

غالب بہت مقبول شاعر ہیں اور ان کے کتنے ہی مصرعے لوگوں کو ازبر ہیں۔ بہتوں

کو تو پورے پورے شعر بھی یاد ہیں۔ یہ اور بات ہے کہ وہ دوسرے مصرعے کو پہلے مصرعے سے پہلے پڑھتے ہیں۔ لیکن اس میں کوئی قباحت نہیں ہے کیونکہ شاعری کوئی کرکٹ کا کھیل نہیں ہے کہ دوسری اننگ پہلی اننگ کے بعد ہی کھیلی جائے۔ یوں بھی غالب مصرعوں میں زیادہ پسند کیے جانے کے لائق شاعر ہیں۔ انہوں نے دس بیس مصرعے تو اس غضب کے کہے ہیں کہ ہر ضرورت کو پورا کرتے ہیں اوراگر وہ صرف مصرعے ہی کہتے، تب بھی اتنے ہی بڑے شاعر ہوتے جتنے کہ وہ مکمل شعر کہنے کی وجہ سے ہیں۔ ان کی شاعری کا یہ پہلو غالب صدی کے دوران ہم سب کے سامنے آیا۔ جشنِ غالب کے سلسلے میں جتنے بھی جلسے ہوئے ان سب جلسوں کے اناؤنسر غالب کے مصرعوں سے پوری طرح لیس تھے جو بھی جلسہ یامشاعرہ ہوااس مصرعے سے شروع ہوا،

ہوئی تاخیر توکچھ باعثِ تاخیر بھی تھا

صدر جلسہ کے تعارف کے سلسلے میں کہا گیا،

وہ آئیں گھر میں ہمارے خدا کی قدرت ہے

پتانہیں اس مصرعے سے اناؤنسر صاحب کی کیامراد تھی۔ ممکن ہے وہ صدرِ جلسہ کو خدا کی قدرت کانمونہ کہنا چاہ رہے ہوں۔ مہمان خصوصی کی تعریف کے پل کے لیے اس مصرعے کوسنگ بنیاد قرار دیا گیا،

کہتاہوں سچ کہ جھوٹ کی عادت نہیں مجھے

ان جلسوں میں مہمان خصوصی کاانتخاب عموماًطبقۂ اناث ہی سے کیا جاتا تھااور غالب کے کئی مصرعے ان پر صرف کیے جاتے تھے۔

غالب صدی کی وجہ سے کچھ دلدوز واقعات بھی ہوئے۔ کچھ لوگ غالب کی محبت میں اتنے آگے نکل گئے کہ واپس آنے کاراستہ بھول گئے۔ ایک صاحب نے انھی دنوں

اپنا سر نیم غالبی مقرر کر لیا اور وہ مرزا احمد اللہ بیگ غالبی کہلانے لگے۔ (کچھ لوگ تو انھیں غالباً بھی کہتے تھے) اس سال انہوں نے باضابطہ حلف اٹھایا تھا کہ وہ کوئی کام غالب کے دیوان سے مدد لیے بغیر نہیں کریں گے۔ اتفاق سے اسی سال ان کے ہاں ایک فرزند کی ولادت عمل میں آئی۔ دوستوں نے گھر آ کر مبارکباد دی تو انہوں نے مبارکباد کے جواب میں ارشاد فرمایا،

مجھے دماغ نہیں خندہ ہائے بے جا کا

دوستوں میں سے کسی نے پوچھا مرزا صاحب، اس مصرعے کا یہاں کیا موقع تھا۔ بولے میں سب جانتا ہوں،

ہتھکنڈے ہیں چرخِ نیلی فام کے

مرزا صاحب پیشے سے ڈاکٹر ہیں۔ ڈاکٹری ٹھیک ٹھاک چل رہی تھی لیکن غالب کا کچھ ایسا جنون ان پر سوار ہوا کہ پھر یہ کہیں کے نہیں رہے، ایک معزز گھرانے کی خاتون ان سے فون پر اپنے مرض کی کیفیت بیان کر رہی تھیں۔ مریضہ نے جب ان سے کہا کہ مرزا صاحب میری کمر میں بھی درد ہوتا ہے تو مرزا صاحب نے فون پر ہی جھوم کر کہا ہاں ہاں یقیناً ہوتا ہو گا،

کیا جانتا نہیں ہوں تمہاری کمر کو میں

ایک اور مریضہ کے ساتھ بھی تقریباً ایسا ہی واقعہ ہوا۔ ڈاکٹر صاحب اپنے مطب میں مریضہ کا معائنہ فرما رہے تھے اور ساتھ ہی ساتھ زیرِ لب گنگنا رہے تھے،

تجھے کس تمنا سے ہم دیکھتے ہیں

اس دن نہ صرف اس مریضہ کا نقشِ قدم ان کے سر پر پڑا بلکہ ان دونوں خواتین کے شوہروں نے انھیں عدالت میں بھی گھسیٹ لیا اور بجائے اس کے کہ مرزا صاحب

راہِ راست پر قدم رنجہ فرمانے کی کوشش کرتے، فخریہ فرماتے رہے ان مقدموں سے کیا ہوتا ہے،

رنگ کھلتا جائے ہے جتنا کہ اڑتا جائے ہے

ان پر غالبی رنگ چڑھتا ہی گیا اور ایک میٹرنٹی ہوم کے سنگِ بنیاد رکھنے کے لئے جب شہر کی خاتونِ اول نے اپنے حنا آلودہ ہاتھوں سے مخصوص پتھر کو چھوا تو مرزا صاحب نے باآواز بلند اپنے محبوب شاعر کا مصرعہ پڑھ دیا،

خاک ایسی زندگی پہ کہ پتھر نہیں ہوں میں

اسی وقت ان کا نام درج رجسٹر کر لیا گیا اور اس کے بعد کچھ ایسے واقعات ہوئے کہ عشق کے بعد ہی ان کے دماغ میں خلل آگیا۔

غالب شناسی کے ایسے مہلک حادثے اور بھی ہوئے ہیں لیکن غالب کے نام کا فیض بھی جاری ہے اور کبھی کبھی جی چاہتا ہے کہ کاش غالب آج ہمارے درمیان موجود ہوتے۔ ہم انھیں بڑے اہتمام سے کسی کل ہند مشاعرے میں بلواتے اور انھیں کے معیار کے کسی اچھے اناؤنسر کا انتخاب کرتے۔ مشاعرے کے ڈائس پر انھیں کسی ڈائمنڈ جوبلی کرنے والی فلم کی ہیروئن کے بالکل متصل نہ سہی، اس کے قرب وجوار میں جگہ دیتے۔ کسی ہیرو سے ان کی گل پوشی کرواتے اور تھوڑا بہت ان کا کلام بھی سنتے۔ غالب یقیناً خوش ہوتے اور انھیں یہ شکایت نہ ہوتی کہ شاعری میں عزت نہیں ہوا کرتی۔

***

مشاعروں میں ہوٹنگ کے فوائد

مشاعرے تو بہت ہوتے ہیں لیکن ہر مشاعرہ کامیاب نہیں ہوتا اور صرف کامیابی بھی کافی نہیں ہوتی۔ مشاعرہ اچھے نمبروں سے کامیاب ہونا چاہئے۔ ایسی ہی کامیابی سے مشاعروں کا مستقبل روشن ہوتا ہے۔ مشاعروں کی کامیابی کا انحصار اب ہوٹنگ پر ہے۔ ہوٹنگ معرکے کی ہوگی تو مشاعرہ بھی معرکتہ الآرا ہوگا۔ دیکھا گیا ہے کہ بڑے شہروں میں جہاں تعلیم یافتہ لوگ زیادہ پائے جاتے ہیں ہوٹنگ کا معیار اچھا خاصا ہے لیکن اضلاع کے سامعین ہوٹنگ کے معاملے میں ابھی پسماندہ ہیں۔ بعض اضلاع میں اس کا معیار ٹھیک رہا ہے لیکن اس سلسلے میں ابھی انہیں بہت کام کرنا ہے۔ مشاعروں کے سیزن میں اضلاع کے کچھ مندوبین کو بڑے شہروں کے مشاعروں میں حاضر رہنا چاہیے۔

مشاعرہ ورک شاپ میں حصہ لئے بغیر اچھی ہوٹنگ نہیں آتی۔ بڑے شہروں میں تو بعض مشاعرے ایسے بھی ہوئے ہیں کہ مشاعرے کے دوسرے دن مشاعرہ گاہ کی چھت کی مرمت کروانی پڑی ہے، اس لئے اب زیر سما مشاعروں کا رواج بڑھتا جارہا ہے۔ زیر سما مشاعروں میں، شاعر تو نہیں لیکن سامعین سماں باندھ دیتے ہیں۔ ایک زمانہ تھا جب مشاعروں میں شاعروں کے کلام کا مقابلہ ہوتا ہے، اب سامعین کے کمال کا مقابلہ ہوتا ہے۔ مشاعرے بھی ٹکٹ سے ہونے لگے ہیں جو ایک لحاظ سے اچھی بات ہے۔

لنگر اور مشاعرے میں کچھ فرق ہونا چاہئے۔ لیکن افسوس اس کا ہوتا ہے کہ بڑی

قیمت کے ٹکٹ خریدنے والے سامعین، ہوٹنگ میں اتنے جوش وخروش سے حصہ نہیں لیتے جتنا کہ پیچھے کی صفوں میں بیٹھنے والے باذوق سامعین محنت اور مشقت کا مظاہرہ کرتے ہیں۔ دنیا میں ہمیشہ یہی ہوتا آیا ہے۔ کمزور طبقے پر زیادہ بار پڑتا ہے۔ بعض منتظمین مشاعرہ جو مشاعرے میں سناٹا چاہتے ہیں یا جنھیں ہو کا عالم پسند ہوتا ہے وہ اونچی قیمت کے ٹکٹ کا مشاعرہ کرتے ہیں یا صرف عطیات کے ذریعہ یہ کام کرتے ہیں۔

ایسے مشاعروں میں بھی ہال تو بھر جاتا ہے لیکن مشاعرے کا آنکھوں دیکھا حال ناقابلِ بیان ہوتا ہے۔ ان قیمتی مشاعروں کے سامعین، مشاعرے میں اس طرح بیٹھتے ہیں گویا کسی ڈی لکس سنیما ہال میں بیٹھ کر انگریزی فلم کے مکالمے سمجھنے کی کوشش کررہے ہوں۔ مرد حضرات بار بار اپنے چشمے صاف کرنے اور خواتین اپنے اپنے آنچلوں کو پرچم بنانے کی فکر میں غلطاں و پیچاں رہتی ہیں۔

یہ بھی کوئی مشاعرہ سننا ہوا، شاعر آتا ہے جاتا ہے، وہ پڑھتا ہے یا گاتا ہے کسی کو پروا نہیں ہوتی۔ حتیٰ کہ مزاح گو شاعر بھی بے باک سے بے باک شعر سنا کر یوں ناکام، نامراد لوٹتا ہے جیسے شب غم گزار کر جارہا ہو۔ سامعین میں سے کسی کی بھی زبان پر جوں نہیں رینگتی۔ کسی کے دہن مبارک سے ایک آواز آہ یا واہ کی نہیں نکلتی۔ پتہ ہی نہیں چلتا کہ یہ مشاعرہ ہے یا کوئی جلسۂ تعزیت۔ اس خاموش مشاعرے اور ایک تعزیتی جلسے میں ایک نمایاں فرق یہ ہوتا ہے کہ سامعین احتراماً سر جھکا کر دو منٹ کے لئے کھڑے نہیں ہوتے۔ کم سے کم یہی کریں۔ شاعروں کو پتہ تو چلے کہ ہال میں جو لوگ تشریف فرما ہیں زندہ ہیں اور زندہ ہیں تو بیمار و ناتواں نہیں ہیں۔

مدعوئین، عطیہ اور عطیہ دہندگان حضرات اتنے لئے دیئے رہتے ہیں کہ ان کے پاس دینے کو کچھ ہوتا نہیں ہے، شعراء صاحبان تو تعزیتی کلمات کو کلمات خیر سمجھتے ہیں۔

کوئی بھی شاعر طبعاً قنوطی نہیں ہوتا، لیکن اگر سامعین، شعراء سے خوفزدہ ہو کر دم سادھے بیٹھے رہیں تو مشاعرے کے اٹھنے کی بات تو دور رہی، خود شاعروں کا اپنے آپ پر سے اعتماد اٹھ جاتا ہے۔ شاعروں کے کانوں میں کوئی نہ کوئی آواز پڑنی ہی چاہیے۔ آواز ہو یا آوازہ؛ اس کے لیے اس کی سماعت کا دروازہ کھلا رہتا ہے۔

صحیح معنوں میں مشاعرہ وہ ہوتا ہے جب مشاعرہ گاہ میں زندگی رواں دواں ہو، مشاعرہ گاہ میں کیفیت کچھ ایسی ہونی چاہئے، جس سے یہ معلوم ہو کہ شاعروں کو سننے سامعین نہیں آئے، سامعین کا مورچہ آیا ہوا ہے۔ خوبصورت پنڈال جگمگاتا شہ نشین اور جگہ جگہ ایک ہزار کینڈل پاور کے قمقمے یہ سب بیکار ہیں۔ اصل چیز ہے ہوٹنگ۔ مشاعروں میں یہ نہ ہو تو منتظمین مشاعرہ مایوس ہو جاتے ہیں۔ ان کے سارے کئے کرائے پر پانی پھر جاتا ہے۔ جس طرح شاعر مشاعرے کی تیاری کرتے ہیں، اپنی غزل کی دھن بناتے ہیں۔ اس کے کئی ریہرسل کرتے ہیں، اسی طرح سامعین کو بھی باضابطہ تیاری کرنی چاہئے۔ مشاعروں میں یک رخی طریقہ اختیار کرنا ادب دشمنی ہے۔

مشاعروں میں ہوٹنگ کی ابتداء کب اور کہاں ہوئی اس کے بارے میں مختلف روایتیں ہیں لیکن یہ ضرور کہا جاسکتا ہے کہ مشاعرہ خود اور مشاعرے کے دیگر لوازمات (جن میں ہوٹنگ شامل ہے) شمالی ہند کی دین ہیں۔ البتہ یہ کہنا مشکل ہے کہ اس کی رسم اجراء کہاں انجام دی گئی۔ تحقیق اس بات کی کرنی چاہئے کہ ٹکٹ سے پہلا مشاعرہ کس جگہ منعقد ہوا؟ اسی مشاعرے میں سامعین نے شور مچایا ہو گا۔ اسی احتجاج نے بعد میں ہوٹنگ کی شکل اختیار کی۔ جب یہ شروع ہوئی تو منظور نظر منتظمین مشاعرہ تھے۔ اب توجہ کا مرکز شاعر ہیں۔ تاہم اب بھی کہیں کہیں ایسے واقعات ہوئے ہیں جن میں سامعین نے شعراء کو نظر انداز کر دیا بلکہ ان کی قیمت بڑھائی کہ آپ اپنا کلام سناتے رہئے ہمیں تو ان کی

تلاش ہے جو آپ کو یہاں لائے ہیں۔

ہوٹنگ اب شوق یا شغل نہیں ہے ایک فن ہے اور اس میں بھی وہی صنائع بدائع ہونے چاہئیں جو شاعری میں مستعمل ہیں۔ ہوٹنگ میں اسقام کا پایا جانا معیوب ہے۔ کچھ لوگوں نے عملی تنقید کی طرح عملی ہوٹنگ کی بھی کوشش کی ہے اور بعض مقامات پر شاعروں کی سرکوبی کے لئے عملی ہوٹنگ سے کام لیا گیا ہے، لیکن ان وارداتوں میں ایلڈرس نے کبھی حصہ نہیں لیا۔ ان وارداتوں کو یوتھ فیسٹول سمجھ کر شاعروں کی تاریخ سے حذف کر دینا چاہئے۔ ہوٹنگ دلچسپی کی چیز ہے، دل شکنی کا حربہ نہیں۔ اسی لئے عملی ہوٹنگ مقبول نہیں ہو سکی۔ مشاعروں میں آلات و ظروف استعمال نہیں کئے جاسکتے۔ میونسپل کارپوریشن کے اجلاس کی بات اور ہوتی ہے۔

چند مشاعرے ایسے بھی ہوتے ہیں جن میں مشاعرہ بعد میں شروع ہوتا ہے، ہوٹنگ پہلے شروع ہو جاتی ہے۔ اس کی وجہ یہ ہوتی ہے کہ شاعروں اور سامعین کے درمیان صدر مشاعرہ حائل ہو جاتے ہیں۔ نثر کے جلسوں میں ہمیشہ یہ ہوتا ہے کہ صدر جلسہ سب سے آخر میں تقریر کرتا ہے لیکن مشاعروں کا قاعدہ مختلف ہے۔ یہاں صدر کو پہلے موقع دیا جاتا ہے اور جب صدر یہ بھول جاتا ہے کہ یہ محفل مشاعرہ ہے تو سامعین مجبور ہو جاتے ہیں کہ صدر کو زیادہ دیر کھڑا نہ رہنے دیں اور کچھ ہی دیر میں صدر مشاعرہ کو پسپا ہو کر بیٹھ جانا پڑتا ہے۔

صدر مشاعرہ کی پسپائی مشاعرے کی کارروائی پر بھی اثر انداز ہوتی ہے۔ صدر کئی منٹ تک بحال نہیں ہو پاتا اور جب شاعر اس سے کلام سنانے کی اجازت طلب کرتا ہے تو وہ اس طرح اجازت دیتا ہے جیسے اس کا بڑا بھاری مالی نقصان ہو رہا ہو۔ صدر مشاعرہ پر اگر ہوٹنگ ہو جائے تو ابتدائی دو تین شاعروں کو خالی ہاتھ واپس ہونا پڑتا ہے۔ ہال میں

خاموشی تو نہیں ہوتی لیکن جو کچھ ہوتی ہے، اسے ہوٹنگ کا نام نہیں دیا جا سکتا۔ اسے از سر نو شروع کرنے میں ذرا دیر لگتی ہے۔

دو چار شاعریوں ہی گزر جاتے ہیں اور مشاعرے کی تمہید اچھی نہیں ہوتی لیکن جب پانچواں شاعر میدان کارزار میں آتا ہے تو مشاعرہ اچانک جاگ پڑتا ہے اور سارے سامعین باتفاق آرا اور باآواز بلند اس شاعر کی فرمائش کرتے ہیں جو اپنا ایک مصرع تحت میں ایک ترنم میں سناتا ہے۔ اب مقابلہ آرائی ہوتی ہے سامعین میں اور اناؤنسر میں۔ یہی اناؤنسر کی آزمائش کا وقت ہوتا ہے۔ اس کرائسس میں وہی اناؤنسر سرخرو ہوتا ہے جسے اچھے اچھے اشعار اور لطائف یاد ہوں۔ اناؤنسر ابھی آلات حرب سے سامعین کو زیر کرتا ہے اور مائیکروفون پر ایستادہ شاعروں کو سنوا کر ہی دم لیتا ہے۔

شاعر مذکور کی روانگی کے بعد سامعین اس شاعرہ کی فرمائش کرتے ہیں جو زر کے بارڈر کی ریشمی ساڑھی میں ملفوف ڈائس پر کچھ اس طرح بیٹھی ہوتی ہے کہ صاف معلوم ہوتا ہے کہ انھیں کسی پہلو قرار نہیں آرہا ہے۔ یہاں اناؤنسر بکمال ہوشیاری، صلح جوئی سے کام لیتا ہے اور خیر سگالی کے طور پر زر کے بارڈر کی ریشمی ساڑھی میں ملفوف شاعرہ ہی کو آواز دیتا ہے جو اپنی مسکراہٹ کے گل اور ثمر تقسیم کرتی قدم رنجہ فرماتی ہیں اور آدھے سے زیادہ سامعین ریشہ خطمی ہو کر رہ جاتے ہیں (یہ وہی سامعین ہوتے ہیں جنھوں نے اونچی قیمت کے ٹکٹ خریدے ہوتے ہیں) باقی کے نصف سامعین کو ہوٹنگ کا فرض نبھانا پڑتا ہے، کیونکہ شاعرات بھی ہوٹنگ کی مستحق ہوتی ہیں۔

مردوں اور عورتوں کے مساویانہ حقوق کا مشاعروں میں بھی خیال رکھنا پڑتا ہے لیکن شاعرات کے حصے کی ہوٹنگ الگ نمونے کی ہوتی ہے۔ دبی دبی آوازیں بہتر مانی گئی ہیں۔ گھٹی گھٹی آہیں بھی سود مند ہوتی ہیں، یہ سارے انداز ہوٹنگ ہی کے ہیں۔ کہا جاتا ہے ان

دنوں خانہ بر انداز چمن قسم کی شاعرات اہل سخن شاعرات کے مقابلے میں زیادہ مقبول ہو رہی ہیں۔ ہوٹنگ بھی سلیقے کی ہو رہی ہے۔ ان شاعرات کو مشاعرے سے واپسی میں بڑی مشکلات کا سامنا کرنا پڑتا ہے، پروانوں کو یہ فکر مارے ڈالتی ہے کہ شمع جاتی کدھر ہے۔

کبھی کبھی یہ بھی ہوتا ہے کہ خود شاعر کو ہوٹنگ کا سہارا لینا پڑتا ہے۔ ان کی ہوٹنگ دو قسم کی ہوتی ہے۔ مشہور یہ ہے کہ ایک مشاعرے میں کسی گوشے سے بچے کے رونے کی آواز آئی تو شاعر نے اپنا شعر درمیان میں ہی روک لیا اور فی البدیہہ یہ پوچھا کہ نقش فریادی ہے کس کی شوخیٔ تحریر کا، یہ بھی ایک طرح کی ہوٹنگ ہوئی لیکن بالواسطہ شیر خوار بچہ درمیان میں تھا۔ بلاواسطہ ہوٹنگ کے بھی مواقع آئے ہیں لیکن ان مکالموں میں فلمی رنگ آ جاتا ہے اور شاعر کو اپنے اشعار کی ری ٹیک میں بڑی دقت ہوتی ہے۔ بعض صورتوں میں شاعر بہت ناراض ہو جاتا ہے اور اناؤنسر کو سیز فائر کی تجویز پیش کرنی پڑتی ہے۔ اس موقع پر کوئی لطیفہ کارگر نہیں ہوتا۔ ہوٹنگ میں جارحانہ انداز مشاعرے کے آداب کے منافی ہے، شاعر اپنے آپ کو ہوٹ ہوتا تو دیکھ سکتا ہے لیکن شوٹ ہوتا نہیں دیکھ سکتا۔

ہوٹنگ کو ذہنیت کا نہیں، ذہانت کا مظاہرہ مانا گیا ہے۔ اگر شاعر مشاعرے میں اپنی کئی مرتبہ کی آزمودہ نظم سنانا چاہے تو سامعین کو حق ہے کہ وہ شاعر سے فرمائش کریں کہ وہ اپنی اس سے زیادہ کہنہ نظم سنائے۔ کوئی شاعر اگر اپنے اشعار ڈائس پر بیٹھے ہوئے مختلف شعراء کی نذر کر رہا ہو تو سامعین اس عمل پر بھی تحدید عائد کر سکتے ہیں بلکہ خود شعراء صاحبان کو بھی اس قسم کے نذرانے قبول نہیں کرنے چاہئیں۔

مصرعے اگر گر رہے ہوں تو سامعین شاعر سے کہہ سکتے ہیں کہ یہ مصرعے نہیں اٹھائے جا سکتے۔ مصرع اگر نہ اٹھ سکے تو سامعین کو حق ہے کہ وہ شاعر ہی کو اٹھا دیں اور

اگر شاعر کھڑا ہو تو اسے بٹھا دیں۔ اسے ایک لحاظ سے بد قسمتی ہی سمجھنا چاہیئے کہ اعلیٰ درجے کی ہوٹنگ کرنے والے سامعین کو نام بنام شہرت کبھی نصیب نہیں ہوئی۔ انہوں نے دراصل کام چھوڑا ہے کہیں نام نہیں چھوڑا ہے لیکن جہاں تک شاعروں کی طرف سے ہوٹنگ کا تعلق ہے، اس ضمن میں کئی نام لیے جاتے ہیں اور مولانا حسرت موہانی کا نام تو خاص طور پر بڑے احترام سے لیا جاتا ہے۔

ایک مشاعرے میں کلام سناتے وقت جب مولانا کو اپنے شروع کے دو تین اشعار پر داد نہیں ملی بلکہ سامعین نے چپ سادھ لی تو مولانا نے کاغذ تہہ کیا اور یہ کہہ کر بیٹھ گئے کہ باقی کے اشعار بھی ایسے ہی ہیں۔

یہ ایک طرح کی ہوٹنگ ہی تھی، اس لئے کہا گیا ہے کہ اچھی اور معیاری ہوٹنگ کسی بھی محاذ سے ہو سکتی ہے۔ یوں بھی مشاعروں میں نہ تو کوئی حزب مخالف ہوتا ہے نہ سرکاری پنچ۔ مشاعرہ گاہ میں صرف شاعروں اور سامعین کے درمیان شوخی کلام اور انداز بیان کا دوستانہ مقابلہ ہوتا ہے۔ مقابلہ کتنا ہی کڑا کیوں نہ ہو، مشاعرہ تو شاعر ہی لوٹتے ہیں، سامعین بالعموم خالی ہاتھ لوٹتے ہیں۔ وہ ہوٹنگ بھی کرتے ہیں تو اپنی گرہ سے اس کی قیمت بھی ادا کرتے ہیں۔ اس طرح ان کے ذوق کی نہ سہی شوق کی تکمیل تو ہو جاتی ہے۔

بعض مشاعروں میں شاعر اور سامعین گھر بیٹھے ہوٹنگ کر لیتے ہیں۔ اس طریقۂ کار میں ان دونوں کے درمیان دیر سے آنے کا مقابلہ ہوتا ہے اور اس میں فریقین کی عدم موجودگی ہی ان کو کہی ہوٹنگ سمجھا جاتا ہے۔ یہ مشاعرے ہوتے ضرور ہیں لیکن اس وقت شروع ہوتے ہیں جب ان کے اختتام کا وقت طلوع ہوتا ہے۔ اس قسم کے مشاعرے منتظمین مشاعرے کو روپوشی پر مجبور کرتے ہیں۔ منتظمین انتخاب میں جیتنے والے امیدواروں کی طرح کئی سال تک اپنے حلقے میں نظر نہیں آتے۔

اچھا کلام، عمدہ انتظام اور مناسب ہوٹنگ کا اہتمام، یہ تین عناصر ہیں جن سے مشاعرہ بنتا ہے۔ اچھے کلام کی ذمہ داری شاعروں کی ہوتی ہے (اس لئے بعض شاعر، دوسروں کا کلام لے آتے ہوتی ہے) اور ہوٹنگ کا کارنامہ سامعین کو انجام دینا ہوتا ہے۔ کبھی کبھی سامعین کی فوج بے قاعدہ واقعی کام کر جاتی ہے۔ یہ سہ جماعتی ٹیم ہوتی ہے اور اس اتحاد ثلاثہ کا ایک فریق بھی کمزور پڑ جائے تو مشاعرہ بگڑ تا نہیں اکھڑ جاتا ہے اور بے جڑ کے پودے کہیں پنپے ہیں جو مشاعرہ پنپے گا۔ تین پاؤں کی دوڑ، ساری دوڑوں میں مشکل ترین دوڑ ہوتی ہے۔ کہنے کو پاؤں سے کام لینا پڑتا ہے لیکن اصل میں سر زیادہ استعمال ہوتا ہے۔ کہا جاتا ہے اچھی اور پائے کی ہوٹنگ نے اچھے شاعر بھی پیدا کیے ہیں۔ کچھ اچھے شاعر شاید ہوٹنگ کی وجہ سے مارے بھی گیے ہوں لیکن یہ صرف ان شاعروں کے ساتھ ہوا ہوگا جن کی تعمیر میں خرابی کی کوئی صورت پہلے ہی سے مضمر تھی۔

✷ ✷ ✷

شعر، شاعر اور مشاعرہ

شاعروں کی قسمیں گنانا کوئی اچھی بات نہیں ہے۔ اچھی بات ہو یا نہ ہو کام آسان بھی نہیں ہے کیونکہ شاعر تو تاروں کی طرح ہوتے ہیں، لاتعداد، جنہیں آج تک کوئی گن نہیں سکا۔ ماہرین فلکیات ہمارے یہاں اور ہمارے ملک کے علاوہ دوسرے ملکوں میں بھی جو ہماری طرح مقروض ہیں، پیدا ہوتے ہیں لیکن ان ماہرین میں سے کسی نے بھی تاروں کی مردم شماری کا کام انجام نہیں دیا۔ کون جان پر کھیلنا چاہے گا۔

شاعر بھی تاروں ہی کی قبیل میں آتے ہیں، اس کی دو وجہیں ہیں، ایک تعداد اور دوسرے یہ کہ یہ بھی تاروں ہی طرح اندھیری راتوں میں چمکتے ہیں۔ ان میں فاصلہ بھی کافی رہتا ہے۔ ہم نے جہاں تک غور کیا ہے شاعروں میں دو قسم کے شاعر سرفہرست ہیں، ایک وہ جنھیں محاسن شاعری پر عبور حاصل ہوتا ہے اور وہ حتی الامکان اپنے اس عبور کو برقرار رکھتے ہیں اور دوسرے وہ شاعر جو معائب شاعری میں کمال حاصل کرتے ہیں اور ان معائب کی جی جان سے حفاظت کرتے ہیں۔ پہلی قسم کے شاعروں کو اب پسند نہیں کیا جاتا۔

پہلے بھی بس ضرورتاً پسند کر لیا جاتا تھا کیونکہ ان میں اکثر شاعر لباس وغیرہ کے معاملے میں بھی محتاط رہتے تھے خاص طور پر مشاعروں میں بہت چوکنّے رہتے تھے اور کلام سناتے وقت ان میں سے کسی شاعر کا ازار بند خارج از بحر نہیں ہوتا تھا۔ وہ پان ضرور

کھاتے تھے لیکن جب انہیں زحمت سخن دی جاتی یہ اپنا (قیمتی) پان اپنے منہ میں دائیں بائیں سمت کونے میں پہنچا دیتے تھے۔ رومال سے منہ بھی صاف کر لیتے تھے۔ ان کے یہ افعال محاسن شاعری کے سوا ہوتے تھے اور لوگ ان کے محاسن شاعری کو گوارا کر لیتے تھے۔ محاسن کے مقابلے میں معائب شاعری کو ہمیشہ زیادہ پسند کیا جاتا رہا ہے۔

جن شاعروں نے محاسن کا خیال رکھا ان سے تو کبھی نہ کبھی کوئی غلطی سرزد ہو گئی اور شعر میں کوئی سقم پیدا ہو گیا لیکن معائب شاعری سے ربط رکھنے والے شعرا اس معاملے میں ہمیشہ کامیاب و کامران رہے اور ان کی پوری شاعری معائب اور صرف معائب سے مملو اور مزین رہی۔ انھوں نے غلطی سے بھی کوئی شعر ایسا نہیں کہا جس میں کوئی خوبی در آئی ہو۔ ان شعرا نے اپنے کلام کو پر اثر بنانے کے لیے محنت بہت کی اور ترنم کا برسوں ریاض کیا۔ ان کے گلے میں جو لحن پایا جاتا ہے کچھ تو خدا داد ہے اور کچھ طویل ریاض کا نتیجہ۔ جب بھی انھوں نے مشاعرے میں کلام سنایا ان کی مختصر بحر کے شعر بھی طویل بحر کے شعر معلوم ہوتے۔ (گو کہ بحر ان میں تھی نہیں) اور دیر تک ان کا لحن جاری رہا (دور تک بھی پہنچا۔)

ہمیں اس خبر پر یقین تو نہیں آیا لیکن یہ خبر ہم نے سنی ضرور اور ایک نہیں کئی لوگوں کی زبانی کہ میوزک ڈائرکٹروں کی طرح اب شاعروں کی فلاح و بہبود کے لئے ترنم ڈائرکٹر بھی ہونے لگے ہیں اور یہ لوگ از راہ خلوص شاعروں کو عموماً اور شاعرات کو خصوصاً ترنم کا درس دینے لگے ہیں۔

ترنم کا درس اس لیے بھی مشکل ہوتا ہے کہ اس میں ساز کا سہارا نہیں لیا جاتا لیکن بوقت استعمال ساز کی کمی بھی محسوس نہیں ہوتی۔ ترنم ڈائرکٹروں کا خیال ہے کہ شاعرات کو ترنم سکھانے میں زیادہ محنت نہیں کرنی پڑتی کیونکہ ان کی آواز میں پہلے ہی سے ترنم قسم

کی کوئی چیز پنہاں ہوتی ہے، جسے روبکار لانے کے لیے ڈائرکٹروں کا ہلکا سا دست شفقت کافی ہوتا ہے جب کہ مذکر شاعروں کی آواز میں لطافت پیدا کرنے میں دیر لگتی ہے اور کافی سے زیادہ مصالح انتظامی درکار ہوتے ہیں۔ ترنم ڈائرکٹر بنظر احتیاط شاعروں اور شاعرات کو الگ الگ شفٹوں میں درس دیتے ہیں۔

شاعرات کو ترنم کا درس دیتے وقت اس شاعر کو حاضر رہنے کی اجازت ہوتی ہے جس نے کلام پر اپنا زور صرف کیا ہو۔ بعض صورتوں میں مشکل الفاظ حذف کروا دیے جاتے ہیں۔ کلام کے دوسرے معائب اس لیے برقرار رہنے دیے جاتے ہیں کہ اگر انھیں حذف کیا گیا تو پھر کلام میں رہے گا کیا۔ اس لیے مشاعروں میں دیکھا گیا ہے کہ حسن کلام پر نہیں حسن ترنم پر زیادہ داد ملتی ہے۔

صدر مشاعرہ بھی نیند سے فارغ ہو کر اس کلام کو آنکھیں کھول کر سنتے اور میٹھی میٹھی نظروں سے داد دیتے ہیں۔ شاعرات آتے وقت تو خالی ہاتھ آتی ہیں، جاتے وقت مشاعرہ لوٹ کر گھر لوٹتی ہیں۔ لوٹے ہوئے مشاعرے کو سنبھال کر لے جانے کے لیے مددگار جو تعداد میں کم سے کم چار ہوتے ہیں، مشاعرہ گاہ میں موجود رہتے ہیں۔ کچھ لوگ انھیں سیکورٹی گارڈ کہتے ہیں۔

ہم نے اکثر شاعروں کو بھی مشاعرہ لوٹتے دیکھا ہے لیکن یہ لوگ بے دردی سے مشاعرہ نہیں لوٹتے، تھوڑا بہت چھوڑ بھی دیتے ہیں کیونکہ ان کی رائے میں مال غنیمت میں سب کا حصہ ہوتا ہے۔ شاعرات ایسا نہیں سوچتیں۔ شاعروں اور خاتون شاعروں کی نفسیات میں یہی فرق ہوتا ہے۔ دونوں میں اس فرق کے علاوہ دیگر قسم کے فرق بھی پائے جاتے ہیں جن میں سے کچھ قدرتی ہوتے ہیں۔

مشاعروں کے سامعین بڑی حد تک منصف مزاج ہوتے ہیں (خوش مزاج تو ہوتے

ہی ہیں) اور اپنی انصاف پسندی کی بنا پر جن شاعروں کے کلام میں عیوب اور نقائص کم ہوں، انھیں زیادہ داد نہیں دیتے۔ اکثر صورتوں میں تو سرے سے داد دیتے ہی نہیں اور یہ طریقہ ہمارے خیال میں ہر لحاظ سے صحیح ہے۔ یہ شاعر اسی سلوک کے مستحق ہوتے ہیں۔ یہ بات طے ہو چکی ہے کہ معائب شاعری سے لطف اندوز ہونا مقصود ہو تو مشاعرے میں ضرور جانا چاہئے، اور وہ بھی وقت مقررہ پر کیونکہ معائب کے مشاق شاعر، شروع ہی میں مشاعرے کو عروج پر پہنچا دیتے ہیں۔ اگر ان کا کلام کسی وجہ سے مشاعرے کو شباب پر (یا شباب کو مشاعرے پر) نہ لا سکے تو ناظم مشاعرہ اپنے لطیفوں سے اس کمی کو پورا کر دیتا ہے۔

مشاعروں میں اب لطیفوں پر بھی ویسی ہی داد دی جانے لگی ہے جیسا کہ کسی زمانے میں اچھے شعر پر دی جاتی تھی۔ سامعین لطیفہ سن کر باجماعت کہنے لگتے ہیں مکرر مکرر (اناؤنسر لطیفہ دوبارہ نہیں سناتا بلکہ تھوڑا سا جھینپ جاتا ہے) لوگوں کا خیال یہ بھی ہے کہ چند رسائل خرید کر بھی معائب شاعری سے لطف حاصل کیا جا سکتا ہے کیونکہ ادبی رسائل بھی پابندی سے کلام مذموم شائع کرنے لگے ہیں (اب منظوم کلام کم ہی نظر آتا ہے) لیکن رسائل کی بساط ہی کتنی، مشاعرے کی بات ہی اور ہوتی ہے۔ ہر نقص مکمل، ہر عیب درخشاں، مشاعرے میں معائب کی بارش ہوتی ہے، خود شاعر بھی تر ہو جاتا ہے۔

کچھ عرصہ پہلے تک ادب میں اصناف ادب کی درجہ بندی ہوتی تھی اور دانشور قسم کے لوگ فیصلے صادر کرتے تھے کہ کس صنف ادب کو کس صنف ادب پر فوقیت حاصل ہے۔ اب یہ درجہ بندی نہیں ہوتی کیونکہ اب ساری اصناف ادب ایک ہی سانچے کی پیداوار ہیں تاہم جہاں تک نقائص اور معائب کا تعلق ہے شاعری کو افسانے اور ناول پر فوقیت حاصل ہے۔ شاعروں میں "مین پاور (MAN POWER) بھی تو زیادہ ہے۔ شاعری میں عیوب کا معاوضہ بھی بکثرت ہوتا ہے اور یہ کلام ساقط نظام بیرون ملک بھی

جاتا ہے۔" جاتا ہے سے مراد یہ کہ خود شاعر اسے لے جاتے ہیں (یہ بوجھ کسی اور سے اٹھایا بھی نہیں جاسکتا) اس کلام کی خوبی یہ ہوتی ہے کہ وزن میں نہ جانے کے باوجود کافی وزنی ہوتا ہے۔ کچھ وزن نقائص کا ہوتا ہے اور کچھ بیاض کا۔ شاعری کو فن لطیفہ بنانے میں شاعروں نے جان توڑ کوشش کی ہے۔

محاسن شاعری پر کتابیں بھی لکھی گئی ہیں اور ہر نکتہ وضاحت کے ساتھ سمجھایا گیا ہے، مثالیں بھی دی گئی ہیں، جن سے ان کتابوں کی افادیت اور مصنفوں کی قابلیت میں کافی اضافہ ہوا ہے۔

ان کتابوں کے مصنفوں نے اپنی تصنیف سے متاثر ہوکر بڑے خلوص کے ساتھ، خود بھی شاعری کی ہے اور اس بات کا خاص طور پر خیال رکھا ہے کہ ان کے کلام میں صرف فن کا دخل ہو شاعری کا نہ ہو۔ اس طور کی شاعری میں شاعر کو بہت محنت کرنی پڑتی ہے اور اتنی ہی محنت قاری کو بھی کرنی پڑتی ہے۔ اس کلام میں زور بازو بہت ہوتا ہے۔ کچھ لوگ اس شاعری کو تک بندی کا نام دیتے ہیں لیکن یہ مبالغہ ہے کیونکہ تک بندی میں بھی تو کوئی تک ہوتا ہے۔

ہندوستان کا یک زرعی ملک ہے اس لیے شاعری ہمارے مزاج میں ہے۔ ہم بنجر زمین سے بھی اچھی فصل کی توقع رکھتے ہیں۔ ہمارے یہاں شاید ہی کوئی تنفس ایسا ہو جس نے شعر نہ کہا ہو۔ لڑکپن اور طالب علمی کے زمانے کے کہے ہوئے شعر آخر عمر میں ان لوگوں کو یاد دلاتے ہیں کہ انھیں ضائع نہ ہونے دیا جائے۔ لوگ صرف ان اشعار کی خاطر آٹوبایوگرافی لکھتے ہیں جو شعر آٹوبایوگرافی لکھنے پر اکسائیں انھیں اچھا ہونا ہی چاہیے۔

اس مجموعۂ نثر و نظم کا نتیجہ یہ ہوتا ہے کہ لوگ داد تو نہیں دیتے لیکن شاعر کم مصنف کا آٹوگراف ضرور لے لیتے ہیں (شاعر کم، مکمل اردو ترکیب ہے۔) ہمارا تجربہ بتاتا ہے کہ

وہ شاعری جس میں محاسن ہوں سامعین جن میں ہم شامل ہیں کہ سر پر سے گزر جاتی ہے۔ کچھ لوگ تو کھڑے رہ کر یہ کلام سنتے ہیں لیکن شاعر کا کلام تب بھی اوپر ہی سے گزر جاتا ہے۔

✽ ✽ ✽

مرغ و ماہی

آدمی کا پیٹ، آدمی کے جسم کا سب سے طاقتور حصہ ہے۔ آدمی کا دل و دماغ اس کی گویائی اور سماعت اور اس کا ضمیر سب پیٹ کی رعیت ہیں۔ دنیا کے آدھے سے زیادہ جرائم کی بنیاد یہی پیٹ ہے۔ فلسفہ اور منطق جیسے علوم کے علاوہ ادب اور شاعری بھی دردِ شکم ہی کی پیداوار ہے۔ آدمی کے اس پیٹ کے دیگر احوال یہ ہیں کہ یہ ہر قسم کے جانوروں، پرندوں، پھلوں اور ترکاریوں کا گودام ہے۔ ان اشیائے خوردنی میں یوں تو سبھی چیزیں آدمی کو بھاتی ہیں لیکن ان میں مرغ و ماہی اس کے بڑے شوق کی چیزیں ہیں اور آدمی کی عمر کچھ ہی کیوں نہ ہو ان دو چیزوں کے دیدار ہی پر نہیں ان کے ذکر پر بھی اس کی رال ضرور ٹپکتی ہے۔

ان دنوں میں مچھلی کو بطور غذا فوقیت حاصل ہے، کیونکہ یہ ہمیشہ نہاتی دھوتی رہتی ہیں جب کہ مرغ اتنا صفائی پسند نہیں ہوتا۔ مچھلیاں عادات و اطوار کے اعتبار سے بھی مضبوط کیریکٹر کی حامل مانی گئی ہیں۔ ان کے متعلق ایسی ویسی باتیں کبھی سننے میں نہیں آئیں۔ اس کے برخلاف مرغ (یہ عام طور پر واحد ہی ہوتا ہے) اور مرغیوں کی بے تکلفی بلکہ بے حجابی عام بات ہے۔ سچ پوچھا جائے تو اب صرف مچھلیاں ہی قدیم مشرقی تہذیب کی نام لیوا رہ گئی ہیں۔ ان کی اسی خوبی اور اس خوبی کے علاوہ دیگر اوصاف حمیدہ کی بنا پر مچھلیوں کو جل ترکاری مانا گیا ہے (جل پری تو وہ ہوتی ہی ہیں) ترکاری جیسی معصوم اور بے

ضرر صنف میں شامل کیے جانے کی وجہ سے ترکاری نوش لوگوں کے حلقے میں بھی مچھلی بے حد مقبول ہے۔ بلکہ ساحلی علاقے کے لوگ اسی ایک زندہ اور فعال ترکاری کے شیدائی ہیں۔ وہ سیلابوں میں بہہ جانا پسند کرتے ہیں لیکن مچھلیوں سے دور نہیں رہنا چاہتے۔

مچھلی اپنی شہرت کا خود انتظام کر لیتی ہے اور پکنے پر کسی میڈیا کی مدد لیے بغیر دور دور تک اپنی خوشبو پھیلائی ہے۔ اس کی خوشبو سونگھ کر پڑوس میں لوگ کفِ افسوس ملتے ہیں کہ ہم نے کیوں اتنے اچھے پڑوسیوں سے تعلقات بگاڑ لیے۔ ہمارے تعلقات خوشگوار ہوتے تو ہم صرف اس خوشبو کے نہیں مصدرِ خوشبو کے بھی حق دار ہوتے۔ مرغ پر مچھلی کی فوقیت کی ایک وجہ یہ بھی ہے کہ مچھلی سے نمٹنے کے لیے نقلی دانت نہیں بنوانے پڑتے۔ اس لحاظ سے مرغ کافی مہنگا پڑتا ہے۔ اہلِ زبان لوگ مچھلی ہی کو پسند کرتے ہیں۔ مرغ کے ساتھ ایک دقت یہ بھی ہے کہ ڈش سے مرغ کی ٹانگ نکل جائے تو ایسا معلوم ہوتا ہے کہ محفل کی شمع بجھ گئی۔ لیکن مچھلی کسی قسم کا غم انگیز ماحول نہیں پیدا کرتی۔ اس کا ہر حصہ بیت الغزل ہوتا ہے۔۔۔ سر تو مطلع ہوتا ہی ہے۔

مچھلی میں کانٹے ضرور ہوتے ہیں لیکن کانٹے تو گلاب کی شاخ میں بھی ہوتے ہیں اور یوں بھی مچھلی، بوقتِ طعام آپ کی پوری توجہ چاہتی ہے۔ اسے کھاتے وقت اس کا مطالعہ کرنا چاہیے۔ ویسے اعلیٰ ذات کی مچھلیاں بھی ہوتی ہیں جن میں کانٹے نہیں ہوتے۔ یہ مچھلیاں اعلیٰ ذات کے آدمیوں سے بہتر ہوتی ہیں۔ یہ کوئی ضرر نہیں پہنچاتیں۔ محبوباؤں اور شاعروں کو صرف ایسی ہی مچھلی کھانی چاہیے۔ شاعر کو اس لیے کہ اگر مچھلی کا کوئی نامعقول کانٹا ان کے حلق میں پھنس گیا تو وہ سمن کلیاں میں اپنا کلام کیسے بنا سکیں گے۔

مچھلیوں کے اوصاف کی فہرست میں ایثار اور قربانی کے جذبات بھی شامل ہیں۔ مچھلیاں غیر معمولی حد تک جاں نثار ہوتی ہیں اس لیے ہر چھوٹی مچھلی بڑی مچھلی کی غذا کے

کام آتی ہے (مرغوں میں یہ وصف سرے سے معدوم ہوتا ہے وہ پیدائشی خود غرض ہوتے ہیں)

مچھلیاں ہمیشہ پانی پیتی ہیں لیکن مرغ عام طور پر صرف ذبح ہوتے وقت پانی پیتے ہیں۔ زندگی میں بھی پیتے ہوں گے لیکن ان کی زیادہ توجہ کھانے ہی کی طرف ہوتی ہے۔ مچھلیاں پانی کے ذائقے کی بھی پروا نہیں کرتیں۔ وہ پانی سے افلاطونی عشق کرتی ہیں۔ پانی میٹھا ہو یا کھارا، وہ کسی بھی پانی کے ساتھ گزارا کر لیتی ہیں۔ یہ شرافت کی نشانی ہے اور مرغیاں ہیں کہ نمکین پانی کا ایک قطرہ نہیں سہہ سکتیں۔ شاید وہ جانتی ہیں کہ نمکین پانی سے صرف غرارہ کیا جاتا ہے۔

مچھلی بہت خاموش اور پر سکون شخص ہوتی ہے۔ یہ بولتی ہی نہیں۔ جانتی ہے اس نقار خانے میں کس کی آواز سنی جاتی ہے جو اس کی سنی جائے گی۔ مرغیاں اس معاملے میں داد و بیداد سے بے نیاز ہوتی ہیں۔ بولے چلی جائیں گی۔ جس گھر میں مرغیاں موجود ہوں اس گھر میں شور کے لیے بچوں کی ضرورت نہیں ہوتی۔ مرغیوں کے شور سے بچنے کے لیے لوگ فلمی گانوں کے ریکارڈ اور لاؤڈ اسپیکر کا انتظام کرتے ہیں۔ مرغیاں دوپہر کے وقت خاص طور پر بہت بولتی ہیں اور اونچا بولتی ہیں۔ کسی کو قیلولہ نہیں کرنے دیتیں۔

مچھلی کی برتری اس سے بھی ثابت ہوتی ہے کہ مچھلی کا شکار ایک معزز شغل ہے۔ جب کہ مرغ کو پکڑنا شکار نہیں سمجھا جاتا۔ اس کی حیثیت دال برابر ہوتی ہے۔ شرفاء مچھلی کے شکار میں اس بات کا خاص خیال رکھتے ہیں کہ کوئی مچھلی جلد نہ پھنسے۔ ان میں سے زیادہ شریف لوگ تو شام کے وقت خالی ہاتھ لوٹنا پسند کرتے ہیں۔ یہ اور بات ہے کہ گھر میں داخل ہونے سے پہلے دو باسی مچھلیاں بازار سے خرید لیتے ہیں۔ یہ گھر میں داخل ہونے کا اجازت نامہ ہوتا ہے۔

صوری اعتبار سے بھی مرغیوں کے مقابلے میں مچھلیاں زیادہ قابلِ دید ہوتی ہیں۔ ان کی طرف نظر بھر کر دیکھا جاسکتا ہے۔ مرغیاں حسن و جمال سے محروم ہوتی ہیں اور دیکھنے میں بھی غذا ہی دکھائی دیتی ہیں۔ مرغیاں اور مچھلیاں دونوں پالی جاسکتی ہیں لیکن دل صرف مچھلیوں سے بہلتا ہے کیونکہ پالی جانے والی مچھلیاں تو اور بھی مہ جبین ہوتی ہیں۔ یہ کہنا تو غلط ہوگا کہ خوب صورتی ان پر ختم ہو جاتی ہے۔ لیکن ان میں سے چند واقعی مس ورلڈ ہوتی ہیں۔ قدرت نے ان مچھلیوں کے لیے نہایت بیش قیمت رنگ استعمال کیے ہیں۔ اور ان کے کئی دیدہ زیب ڈیزائن بنائے ہیں۔ ان کے برعکس ساری کی ساری مرغیاں ایک سی دکھائی دیتی ہیں اور ان میں سے کچھ تو صرف بھرتی کی ہوتی ہیں۔ لیکن مرغیوں میں یہ خوبی ضرور ہوتی ہے کہ یہ سب پرولتاری طبقے سے تعلق رکھتی ہیں اور ان میں بورژوائی عادتیں نہیں ہوتیں۔ یہ اپنی رہائش کے معاملے میں بہت قناعت پسند ہوتی ہیں۔ انھیں شیشے کا گھر نہیں چاہیے۔ یہ بے چاری، جھانپ یا زیادہ سے زیادہ دیودار کے بوسیدہ تختوں سے بنے ہوئے ڈربوں پر اکتفا کر لیتی ہیں۔ رہائش کے علاوہ غذا کے سلسلے میں بھی مچھلیوں کے مطالبات بہت ہیں جو سب کے سب پورے کرنے پڑتے ہیں۔ اس کے باوجود یہ ڈوب مرتی ہیں۔

لذتِ کام و دہن کے علاوہ، مرغیاں اہل دانش کے غور و فکر کا بھی مرکز رہی ہیں اور مفکرین ہمیشہ اس فکر میں مبتلا رہے کہ مرغی پہلے پیدا ہوئی یا انڈا۔ اس قسم کا ناجائز سوال مچھلیوں کے بارے میں کبھی نہیں پوچھا گیا۔ (یہی تو عوامی طبقے کی مصیبت ہے)

مرغیوں کی ایک اور نفسیاتی الجھن جو زیر بحث رہتی ہے، یہ ہے کہ مرغی انڈا دیتے وقت انڈر گراونڈ کیوں چلی جاتی ہے۔ مرغیوں کی فطرت کا یہ تضاد کسی بھی دانشور کی سمجھ میں نہیں آیا۔ اس نکتے سے یہ بات بہر حال ثابت ہوتی ہے کہ کامپلیکس صرف

انسانوں کی اجارہ داری نہیں مرغیاں بھی اس میں برابر کی شریک ہیں۔

مرغوں اور مچھلیوں کی جامیٹری لکھی جائے تو مچھلیاں افقی ہوتی ہیں اور مرغیاں عمودی، مچھلیاں کھڑی نہیں ہو سکتیں اور مرغیاں لیٹ نہیں سکتیں۔ لیکن اس فرق سے ان کو زندگی کے معمولات میں کوئی فرق نہیں پڑتا۔

مرغیوں اور مچھلیوں میں ایک فرق یہ بھی ہے کہ مرغیاں صدقے کے کام بھی آتی ہیں۔ مچھلیوں کو خیر خیرات کے لیے استعمال نہیں کیا جاتا۔ یہ روایت کے خلاف بات ہے۔ اکثر گھروں میں حال حال تک یہ طریقہ رائج تھا کہ گھر کا بچہ شام کے وقت جب وہ مدرسے سے واپس آتا تو بچے کی والدہ دروازے ہی پر اس کے استقبال کے لیے کھڑی ہوئی ملتیں اور ان کے ہاتھوں میں ایک مرغی ہوتی یہ مرغی بطور صدقہ اتاری جاتی۔ (والدہ بچے سے کبھی یہ نہ پوچھتیں کہ بیٹا آج تم نے کچھ پڑھا بھی۔ بس مرغی جان سے جاتی) جن والداؤں کا بس مرغی پر نہ چلتا وہ ایک انڈا ہی صدقے میں دے دیتیں۔ کیونکہ انڈے میں خوبو مرغی ہی کی ہوتی ہے۔ مرغیوں کے بارے میں اسی لیے یہ بات کہی جاتی ہے کہ یہ تنہا جانور ہے جسے پیدا ہونے سے پہلے بھی کھایا جا سکتا ہے۔

مرغیاں بظاہر کھلنڈری ہوتی ہیں لیکن ان میں ذمہ داری کا جذبہ کوٹ کوٹ کر بھرا ہوتا ہے اور جب بھی کسی مرغی کو افزائشِ نسل کے کام پر مامور کیا جاتا ہے وہ دنیاوی مشاغل اور لہو ولعب سے کنارہ کش ہو کر پوری توجہ کے ساتھ یہ فرض انجام دیتی ہے اور کچھ ہی دنوں میں سارے گھر میں مرغی کے ڈیڑھ دو درجن بچے ہنستے کھیلتے نظر آتے ہیں۔ ان بچوں کے بارے میں یہ کہا جا سکتا ہے کہ یہ ہمیشہ سر بلند پیدا ہوتے ہیں اور دنیا میں آنے کے لیے خود ہی راستہ ہموار کرتے ہیں۔ ان کی چونچ جو ٹھونگ کہلاتی ہے، انھیں تاریکی سے روشنی میں لاتی ہے۔ کیا تعجب آٹومیشن کا خیال یہیں سے لیا گیا ہو۔

ساری مخلوقِ خداوندی میں سپیدۂ سحر کا کوئی سچا عاشق ہے تو وہ یہی مرغ ہے۔ مرغ کی بانگ ہی اس کی نجات کا باعث ہوگی ورنہ اس کے کرتوت سب جانتے ہیں۔

مرغ ایمان کو تقویت پہنچاتا ہے اسی لیے اہلِ دستر خوان صرف اسے جانتے اور مانتے ہیں جس پر مرغ موجود ہو اور اگر وہ مسلم ہو تو کیا کہنے۔ اہلِ ایمان لوگوں کے علاوہ مرغ تحتانی مدرسوں کے معلموں میں بھی بہت مقبول ہے۔ جب بھی انھیں مرغ کی یاد ستاتی ہے وہ کسی طالب علم کو مرغا بنا دیتے ہیں۔ غنیمت ہے کہ ذبح نہیں کرتے۔

***

رموز شکم پروری

ایک اچھی توند جس کی دیکھ بھال بھی مقبول طریقے پر کی گئی ہو، عمدہ صحت کی نشانی ہے۔ یہ اگر قدرت سے نصیب ہوتا ہے تو کیا کہنے ورنہ آدمی خود بھی توجہ کرے تو کچھ بعید نہیں ہے کہ وہ ایک مناسب توند کا مالک نہ بن سکے، بس تھوڑی سی محنت درکار ہے۔ باڈی بلڈنگ کے کام کے لئے میونسپل لائسنس کی ضرورت نہیں پڑتی اور یہ کوئی غیر قانونی کام بھی نہیں ہے۔ آدمی اپنے جسم کو جیسا اس کا جی چاہے ترتیب دے سکتا ہے۔

مردوں کے لیے خاص طور پر توند ایک ضروری چیز ہے۔ مردانہ وجاہت اسی کے سہارے بار آور ہوتی ہے۔ جو لوگ یہ سمجھتے ہیں کہ توند آدمی کو تکلیف پہنچاتی ہے وہ غلط سوچتے ہیں۔ ایک توند کسی دوسرے آدمی کو تو تکلیف پہنچا سکتی ہے لیکن خود اس کے مالک کو اس سے کوئی گزند نہیں پہنچ سکتی۔

توند آدمی کے جسمانی حُسن میں اضافہ کرتی ہے اور یہ اضافہ دور ہی سے نظر آ جاتا ہے، اس اضافے کے لیے کوئی حد مقرر نہیں ہے۔ جمالیاتی فائدے کے علاوہ اس کے اور فائدے بھی ہیں جن میں ایک تو تعلیمی فائدہ ہے۔ توند اگر بہت زیادہ ابھری ہوئی ہو ایک سطح مرتفع کی طرح اس کا گھیر اؤ بھی خاصا بڑا ہو تو گھر میں بچوں کو یہ سمجھانے میں آسانی ہوتی ہے کہ دنیا گول ہے، ثبوت کے طور پر توند پیش کی جا سکتی ہے۔ یہ حتمی دلیل ہوتی ہے اور عین الیقین کے کام آتی ہے۔

کرہ ارض کا اس سے بہتر اور کون سا نمونہ ہو سکتا ہے۔ دنیا کا نقشہ بتانے والے جغرافیائی گولے اب بہت قیمتی ہو گئے ہیں بلکہ اب یہ صنعت ڈھاکے کی ململ اور اور نگ آباد کے ہمرو کی صنعت کی طرح روبہ زوال ہے اور دنیا کی گولائی پر مشتمل جست یا کسی اور خام مال کی مدد سے جو گولے بنتے ہیں، ہر شخص کی قوتِ خرید کے احاطے میں نہیں ہوتے۔ ان حالات میں توند ہی سے کام لینا پڑتا ہے۔ یہ گھومتی نہیں ہے لیکن کوشش کی جائے تو گھوم بھی سکتی ہے۔

قدرتی اشیاء کو یوں بھی مصنوعات پر ترجیح حاصل ہے۔ توند میں ہوتا کچھ نہیں ہے، صرف توند ہوتی ہے اور اگر یہ تنومند اور شکم پرور ہو تو چلتے وقت یوں ہلتی ہے کہ بعض لوگوں کو محسوس ہوتا ہے کہ شاید اب گرنے والی ہو لیکن یہ ممکن نہیں ہے بلکہ ایسا سوچنا بھی توند کی بے حرمتی کرنے کے علاوہ قدرت کی کاریگری کے باب میں سوئے ظن ہے۔ قدرت نے اسے آدمی کا جزو لاینفک بنایا ہے۔

کچھ لوگ خود اپنی محرومی اور کم مائیگی کی وجہ سے دوسروں کی اس نعمت کو اچھی نظر سے نہیں دیکھتے اور بناوٹی اخلاق کو زیر استعمال لا کر توند کو چھانٹنے کا مشورہ دیتے ہیں اور کچھ طبی اور طبیعاتی مقولے پیش کرتے ہیں۔ یہ سب بغض و حسد کی بنا پر ہوتا ہے۔ ان کے مشورے پر کچھ لوگ عمل بھی کرتے ہیں اور بعد میں پچھتاتے ہی، توند کوئی بادل تو ہے نہیں کہ چھٹ جائے۔ اسے رفع کرنے کے لئے جو ورزش کرنی پڑتی ہے اس میں نہ صرف وقت ضائع ہوتا ہے بلکہ اس سے آدمی کی معیشت بھی متاثر ہوتی ہے۔ چہل قدمی اور جاگنگ پارک میں جا کر کود پھاند میں وہ جوتے جو آج کل چاندی کے بھاؤ بک رہے ہیں اور جن کی پائیداری کی چھ ماہ کی ضمانت دی جاتی ہے۔

صرف تین ہفتوں میں یا تو اپنی باچھیں کھول دیتے ہیں یا ان کی ایڑی اتنی گھس جاتی

ہے کہ آدمی کی توند تو کم نہیں ہوتی، اس کا قد ضرور گھٹ جاتا ہے۔ اس سلسلے میں گھوڑے کی سواری یا تیراکی کا مشورہ بھی دیا جاتا ہے (مشورہ دینے میں اپنے گھر سے تو کچھ جاتا نہیں ہے) لیکن گھوڑے کی سواری کا تو سوال ہی نہیں پیدا ہوتا۔ گھوڑے کرایے پر ضرور مل جاتے ہیں لیکن وہ صرف (جائز) شادی کے موقعوں پر دولھوں کے استعمال کے لئے دیئے جاتے ہیں۔ اسپ آزاری کے لئے نہیں دیئے جاتے۔

گھوڑا بھی آخر مخلوقِ خداوندی ہے اور ریس کے گھوڑوں کو توند دور کرنے کے مشن میں استعمال کرنا قدرے خطرناک ہے۔ دونوں کے لئے اور تیرنے کی ورزش کا معاملہ تو اسے نقش بر آب سمجھئے۔ ہر علاقے میں سوئمنگ پول تو ہوتے نہیں اور جو ہوتے ہیں ان میں گنجائش نہیں ہوتی کہ یہ دنیا گول ہے کا مظاہرہ پیش کرنے والوں کے لئے جگہ نکالی جاسکے۔ اس کے علاوہ یہ حوض مقاماتِ مہوشاں ہوتے ہیں۔

اعلیٰ درجے کے کلب میں غسل آبی کے لئے جو حوض بنائے جاتے ہیں ان کے گرد اور ان کے اندر تیرنے والوں سے زیادہ ڈوبنے والوں کا مجمع ہوتا ہے۔ بڑے شہروں میں سوئمنگ پول کے علاوہ بوٹ کلب بھی ہوتے ہیں لیکن یہ بھی ہمارے ممدوحین کے اغراض و مقاصد کے کام نہیں آسکتے۔ اول تو کلب تک پہنچنے کا راستہ بالعموم ان خادمانِ ملک و قوم کے زیر استعمال رہتا ہے جو اپنے کاروبار کی عملی وضاحت کے لئے ہر روز ایک ریلی منعقد کرتے ہیں۔

ریلی اس چیز کو کہتے ہیں جس کے لئے دنیا کا کوئی قانون کام نہیں آسکتا۔ یہ ہمیشہ اور ہر جگہ منعقد ہوتی رہیں گی اور ایسے ملک میں جہاں پر روزگار تلاش کرنے والاوں کی بہتات ہے۔ ہر روز کم سے کم چار ریلیاں تو ہونی ہی چاہئیں۔ ان ریلیوں میں ہر وہ شخص حصہ لیتا ہے جسے یہ معلوم نہیں ہوتا کہ اس ریلی کی وجہ تسمیہ کیا ہے۔ ہمارے یہاں خوش

قسمتی سے چونکہ لاعلم لوگوں کی کمی نہیں ہے اس لئے اس قسم کی ریلیوں میں ایک تا پانچ لاکھ افراد کی شرکت ایک معمول ہے، یہ راحت کا معاملہ ہے۔

ریلی کے شرکاء کے اخراجات و ماحضر سربراہان ریلی کے ذمہ ہوتے ہیں اور ایک ریلی میں شرکت کا نتیجہ یہ ہوتا ہے کہ کم سے کم دو شب و روز شکم سیر ہو کر گذارے جاسکتے ہیں۔ ان شب و روز میں سے دن کے مقابلے رات بہتر گزرتی ہے، یہ مخلوط ریلیاں ہوتی ہیں۔ حساب داں لوگوں کا خیال ہے کہ ایک ریلی پر اس غریب اور مقروض ملک میں جتنی رقم خرچ ہوتی ہے اس رقم سے پورے ملک کی شکستہ سڑکوں کی مرمت کی جا سکتی ہے۔ کم سے کم گڑھوں کی خانہ پوری تو ہو ہی سکتی ہے۔ یہ کام اس لئے ضروری ہے کہ یہ سڑکیں آخر ریلیوں اور رتھ یاتراؤں میں ہی استعمال ہوں گی۔

ہمارے یہاں اب اس کے علاوہ ہوتا بھی کیا ہے۔ سڑکوں کی مرمت ہو جائے تو ضمناً ضرورت مند لوگ بھی انھیں استعمال کرلیں گے۔ یہ بات بہر حال طے ہے کہ ان ریلیوں کے پس پشت جو لوگ ہوتے ہیں وہ خود ان میں اس لئے حصہ نہیں لیتے کہ کہیں اتنے طویل سفر کی وجہ سے ان کے تن و توش پر بڑا اثر نہ پڑے۔ کچھ توندیں تیل کے ذخائر کی طرح فیض رساں ہوتی ہیں اور ہمارے ملک و قوم کے بہی خواہ ان ذخائر سے حسب ضرورت تیل حاصل کرتے رہنے کے ماہر ہوتے ہیں۔

یہ ٹیکنالوجی کسی نصاب یا درس کی نہیں بلکہ میدان سیاست میں برسہا برس کی ریاضت کا نتیجہ ہوتی ہے۔ اس ٹیکنالوجی کی مدد سے خود ان ماہرین کی توند بھی بن جاتی ہے۔ لیکن یہ نظر نہیں آتی۔ سارے چمتکار دکھائی تھوڑے ہی دیتے ہیں ان لوگوں کے دامن کانٹوں سے محفوظ رہتے ہیں اس کی وجہ یہ بتائی جاتی ہے کہ نباتات میں بھی جان ہوتی ہے۔ یہ بات اب تسلیم کرلی گئی ہے اور اب تو خار دار درختوں اور پودوں کے کانٹے

بھی اتنے حساس ہوگئے ہیں کہ وہ کوئی ایسا دامن نہیں تھامتے جو صاف نہ ہو۔ عوام کے ہمدرد لوگ اسی لئے کسی جگہ بھی جابسیں کوئی دامن گیر نہیں ہوتا۔ ان کے سرخرو ہونے کے لئے ہر جگہ گرین سگنل موجود ہے۔

ہمیں کچھ کچھ یاد ہے کہ کسی شاعر نے کہا تھا کہ گلوں سے خار بہتر ہیں جو دامن تھام لیتے ہیں لیکن یہ کوئی کار آمد بات نہیں تھی بلکہ ایک شاعر نے تو اپنے راستے میں کانٹے بچھے دیکھ کر کہا تھا کہ جی خوش ہوا ہے راہ کو پُر خار دیکھ کر۔ بھلا یہ بھی کوئی نظریۂ حیات ہوا۔ اسی قسم کی باتوں سے تو زندگی میں اداسی اور مایوسی در آئی ہے زندگی گذارنے کا فن صرف ان لوگوں کو آتا ہے جو گلوں کی بات کرتے ہیں اور وقتاً فوقتاً گلزاروں سے انسپریشن حاصل کرتے ہیں اور اس کے لئے آدمی کو یا تو سیاسی شطرنج کا کھلاڑی ہونا چاہئے یا پھر کم سے امتحانی پرچوں کا ممتحن بلکہ ممتحن ہونے میں فائدے زیادہ ہیں۔

اسٹار ٹی وی کے پروگراموں سے گہرا تعلق رکھنے والے (ذہین) طالب علموں کے (مجبور) والدین ممتحوں کی فلاح و بہبود کے لئے ہمہ تن فکر مند رہتے ہیں۔ یہ بھی ان کے روز مرہ مشاغل میں ایک اہم مصروفیت ہوتی ہے اور ان کی اس فکر اور توجہ کے طفیل طالب علم کبھی فیل نہیں ہونے پاتے، البتہ کمپیوٹر فیل ہو جاتے ہیں۔ کمپیوٹروں کے انھی پوشیدہ فوائد کی وجہ سے اب ہر نوجوان انہی کی طرف راغب ہوتا جارہا ہے۔

بعض صورتیں تو اتنی خوشگوار ہوتی ہیں کہ مخصوص طالب علموں کے چند منتخب جوابی پرچے ممتحن تک پہنچنے نہیں پاتے اور گمشدہ پرچوں پر شبہ کا فائدہ دیئے جانے کا مقبول عام طریقہ جو حال حال میں رائج ہوا ہے، ان طالب علموں پر اعلیٰ تعلیم کے دروازے کھول دیتا ہے اور یہ دروازہ پچھلا دروازہ نہیں ہوتا، اسے حُسن انتظام کہا جاتا ہے۔ ریلیوں کے شرکاء کی طرح یہاں بھی متعلقین کے دوچار شب و روز اچھے گذر

جاتے ہیں۔

ان والدین کو بھی مناسب داد دی جانی چاہیئے جو اپنے فرزند ارجمند یا دختر نیک اختر کی شادی کے موقعہ پر اپنے مہمانوں کو صرف دعوتی کارڈ نہیں بھیجتے، ساتھ میں چاندی کا سکہ بھی بھیجتے ہیں، اپنے نام کا سکہ جاری کرنے کا اس سے بہتر اور کوئی موقعہ نہیں ہوتا۔ ان سکوں میں ۱۰۰ فیصد چاندی استعمال کی جاتی یہ نہیں کہ سرکاری سکوں کی طرح ملاوٹ کے سکے جاری کردیئے جائیں، اپنے نام کے سکے جاری کرنے کا حق پچھلے زمانے میں صرف بادشاہوں، راجاؤں اور مہاراجاؤں کا تھا۔ ہر سکے پر ان کی شبیہ بھی ہوتی تھی۔ شبیہ تو اتنی صاف نہیں ہوتی تھی لیکن تاج شاہی والا حصہ بہت صاف رہتا تھا اور تاج کے پورے خدوخال نمایاں رہتے تھے۔

اُڑتی چڑیاؤں کے پر گن لینے والے لوگ تو تاج میں لگے ہوئے موتی بھی گن لیتے تھے۔ راجے مہارج اور بادشاہ اپنے اپنے مداحوں کے منہ اشرفیوں سے بھرتے تھے۔ (مشہور تو یہی ہے) یہ والدین اپنے باراتیوں کے منہ چاندی کے سکوں سے بھرتے تو نہیں ہیں لیکن بند ضرور کردیتے ہیں۔ قارون کے خزانے کے دفن ہوجانے کے واقعے سے ہمارا عتقاد اٹھتا جارہا ہے (ضعیف العمری اور ضعیف الاعتقادی میں بھی شاید بہناپا ہو۔)

ہم نے ٹیلی ویژن پر کچھ ایسے پہلوانوں کو بھی دیکھا ہے جن کی کمر میں ہاتھ نہیں ڈالا جاسکتا۔ یہ اتنی وسیع اور فراخ ہوتی ہے کہ قانون کے لمبے ہاتھ بھی یہاں کام نہیں آسکتے۔ اس کمر کو کمر کہنا مناسب نہیں ہے۔ ان پہلوانوں میں سے کمترین کمر رکھنے والے پہلوان کی کم سے کم وہ سو کمریں سماسکتی ہیں جن کا ذکر اردو شاعری میں آیا ہے۔ ایسی مدور مرغن اور سڈول کمر کے بارے میں معلوم نہیں ہمارے شاعر طبع آزمائی کرنے سے کیوں ہچکچاتے ہیں۔ اس کی وجہ شاید یہ ہوتی ہے کہ کمر ایک شعر میں نہیں سماسکتی اس کے لئے

پورا ایک شاہ نامہ درکار ہے۔ یہ امر بھی دریافت طلب ہے کہ آخر یہ کمر آتی کس کام ہے۔ کوئی فیتہ اسے ناپ نہیں سکتا اور سرخ فیتہ تو کب کا بیکار ہو چکا۔

※ ※ ※

نوکری کی تلاش میں

دنیا میں دیکھا جائے تو کام ہی کام پڑا ہوا ہے اور اتنی کثیر تعداد میں پڑا ہوا ہے کہ اگر دنیا کی موجودہ آبادی میں مزید اتنی ہی آبادی کا اضافہ، آئینِ فطرت اور قانونِ قدرت کی مدد سے ہو جائے تب بھی کارِ دنیا ختم ہونے میں نہ آئے۔ دنیا اسی لئے اب تک نامکمل حالت میں ہے چند سال پہلے جب یہاں دو عدد عظیم جنگیں منعقد ہوئی تھیں تو دنیا کے مکمل ہونے کے کچھ آثار پیدا ہوئے تھے لیکن مجلس اقوام متحدہ کے غلط فیصلوں بلکہ اس کی غیر ضروری مداخلت کی وجہ سے، ذرا سی جو امید بندھی تھی وہ بھی جاتی رہی۔

دنیا کے اس طرح ادھوری حالت میں رہنے کی اصل وجہ یہ ہے کہ جو شخص بھی اپنی مرضی سے یا لوگوں کے اصرار پر دنیا سے رخصت ہوتا ہے، وہ اپنے بہت سارے کام ادھورے چھوڑ جاتا ہے اور اس کے پسماندگان جب اس کے ان ادھورے کاموں کو انجام تک پہنچانے کی فکر یا کوشش کرتے ہیں تو ان کے اس نازیبا اقدام کی بناء پر خود ان کے اپنے کام ادھورے رہ جاتے ہیں۔

یہ سلسلہ ازل سے یوں ہی چلا آ رہا ہے، ویسے بھی جن لوگوں نے اپنے ذاتی اور خانگی کاموں پر دنیا کے کاموں کو ترجیح دی اور خدمت خلق میں مبتلا ہوئے، چند مثالوں کو چھوڑ کر انھیں ان رفاہی کاموں اور خدمت خلق کے صلے میں جو کچھ اس دنیا میں ملا اس کا ذکر نہ کیا جائے تو بہتر ہے اور اس دنیا کے اخبارات ادھر آتے نہیں ہیں، اس لئے وہاں کی صحیح

صورت حال ہمارے علم میں نہیں ہے، لیکن جو لوگ اپنے رفاہی کاموں کے سلسلے میں اپنی زندگی میں یہاں معتوب و مطعون نہیں کئے جا سکے ان کا بھی حشر کچھ اچھا نہیں ہوا کیونکہ دنیا میں یہ بھی ہوتا رہا ہے کہ ہر سو دو سو سال بعد تازہ ترین نسلیں اپنے اسلاف کے کاموں کا تنقیدی نظر سے جائزہ لیتی رہی ہیں اور اپنی تحقیقات کی روشنی میں یہ ثابت کر کے خوش و خرم ہوتی رہی ہیں کہ ان کے آباء واجداد میں سے فلاں بزرگ کے فلاں کارنامے نے دنیا کو فائدہ نہیں نقصان پہنچایا ہے اور اگر اتفاق سے بزرگ موصوف کا کوئی اسٹیچو وغیرہ کہیں کھڑا پایا گیا تو اسے نیست و نابود کر کے اس سے زیادہ خوفناک اسٹیچو وہاں نصب کر دیا گیا۔

اس نئے مجسمے کی گلپوشی اور موصوف کے نام کے کتبے کی نقاب کشائی بھی عمل میں آئی۔ تحقیق و تفتیش اور رد و بدل کا یہ سلسلہ بھی ادھورے کاموں کے سلسلے کی طرح ختم ہونے والا نہیں ہے۔ عوام کی خدمت کسی زمانے میں شاید معیوب نہ بھی رہی ہو لیکن ان دنوں تو کوئی شخص اگر یتیم خانہ کھولتا ہے تو یتیم بچوں کی پرورش ضمناً ہوتی ہے۔ اصل مقصد تو خود اپنے بچوں کی پرورش کا ہوتا ہے۔ قہر درویش بجان درویش تو سنا تھا لیکن اب مہر درویش، حال درویش کا رواج زیادہ ہے۔ سوشل سروس تو اختیاری مضمون ہے۔

لیکن جہاں تک نوکریوں کا سوال ہے وہ صرف ان لوگوں کی قسمت میں لکھ دی گئی جنھیں ان کی ضرورت نہیں ہے۔ ایک زمانہ تھا جب ہمارے یہاں نوکریاں ہی نہیں حکومتیں تک لوگوں کو یوں ہی مل جایا کرتی تھیں۔ بچہ سقہ کی مثال ہم بھولے نہیں ہیں کیسے بھول سکتے ہیں۔ یہ واقعہ تو ہمارے دل و دماغ میں فرہاد کے عشق کی طرح بس گیا ہے۔ بچہ سقہ نے تو ملازمت تک کی آرزو نہیں کی تھی اور مل گیا اسے تخت و تاج، کہا جاتا ہے کہ قدرت جب دینے پر آتی ہے تو چھپر پھاڑ کر دیتی ہے۔

ہندوستان کی تاریخ میں چھپّر پھاڑ کر دینے کا حادثہ بس یہی بچہ سقہ کا حادثہ تھا ورنہ اس بچے کے بعد بھی یہاں کروڑوں کی تعداد میں مختلف اقسام کے بچے پیدا ہوئے، بہت سے بچے ان میں مرنے سے بچ بھی گئے لیکن قدرت نے ان کے گھر میں جھانکا تک نہیں بلکہ بہت سے گھر تو ایسے ہیں جن پر کوئی چھپر ہی نہیں، قدرت دینا چاہے تو اسے آسانی ہی آسانی ہے۔ اب لوگ قناعت پسند بھی ہوگئے ہیں بلکہ قناعت ان کی عادت ہوگئی ہے۔ لوگ اب صرف ایک نوکری مانگتے ہیں اور نوکریاں ایسا معلوم ہوتا ہے خلا میں پرواز کرنے لگی ہیں۔ زمین پر اترتی بھی ہیں تو غلط گھروں کا رخ کرتی ہیں۔

بچہ سقہ کے علاوہ ہم نے یہ بھی دیکھا ہے کہ اس زمانے میں لطیفہ سنانے والوں کو اچھی اچھی ملازمتیں مل جاتی تھیں اور یہ لوگ راستے میں کہیں رکے بغیر شاہی دربار تک پہنچ جاتے تھے۔ انھیں تنخواہ بھی معقول دی جاتی تھی۔ تنخواہ کو اس زمانے میں منصب کہا جاتا تھا اور کھانے کپڑے کو خلعت۔ اس لفظ منصب میں بڑا وقار تھا اور صرف اس لفظ کو زبان پر لانے ہی سے معلوم ہو جایا کرتا کہ یہ شخص کچھ پا رہا ہے۔ لفظ تنخواہ میں وہ شان نہیں۔ تنخواہ کتنی ہی کیوں نہ ہو وہ منصب کا درجہ نہیں پا سکتی۔ اسی لیے جب بھی کسی ملازم پیشہ کے رشتے وغیرہ کی بات ہو تو اس کی صرف تنخواہ نہیں پوچھی جاتی بالائی آمدنی بھی دریافت کی جاتی ہے۔

لطیفہ گوئی کے عروج کے دنوں میں فارغ البالی بھی بکثرت تھی اس لئے ہم نے کسی بھی تاریخ کی کتاب میں یا اس زمانے کے رقعات اور مخطوطات میں کسی منصب کمیشن کا ذکر نہیں پڑھا۔ جب کہ ان دنوں ہر دوسرے تیسرے سال ایک نہ ایک پے کمیشن ہماری زندگی کا لازمی جزو بن گیا ہے۔ جس رات اس پے کمیشن کی سفارشوں کی منظوری کا اعلان ہوتا ہے اس کے دوسرے دن سورج کی پہلی کرن کے ساتھ بازار میں کھانے پینے

کی چیزوں کے دام اس طرح بڑھنے لگتے ہیں جیسے انھیں ابھی کسی نے بتادیا ہو کہ ستاروں سے آگے جہاں اور بھی ہیں۔

قدرت کا یہ انتظام یعنی عجیب و غریب انتظام سبھی پر روشن ہے کہ اگر کسی نے ذرا کچھ لکھ پڑھ لیا تو نوکری اس سے دور کھسک گئی اور اگر اس نے والدین کے اصرار سے ہیں دو چار ڈگریاں حاصل کرلیں تو وہ غیب گیا کام سے۔ روشنی طبع کب اور کیسے بلا بنتی ہے اس کا اندازاسے ڈگری لینے کے فوراً بعد ہو جاتا ہے لیکن اب دیر ہو چکی ہوتی ہے، کچھ لوگ تو اپنی ڈگریوں کو جرم کی طرح چھپاتے ہیں لیکن وہ جو کہا گیا ہے کہ تاڑنے والے قیامت کی نظر رکھتے ہیں۔ کچھ لوگ سمجھتے ہیں کہ نوکری ملنے پر آدمی تجربہ کار بنتا ہے، یہ غلط خیال ہے۔

نوکری نہ ملنے پر آدمی کو تجربہ زیادہ ہوتا ہے اور اسے دنیا دیکھنے کے زیادہ سے زیادہ مواقع حاصل ہوتے ہیں۔ نوکری ملنے پر تو آدمی ایک جگہ قید ہو کر رہ جاتا ہے اور اگر وہ شادی شدہ ہوا تو سمجھئے وہ دن میں جوڈیشیل کسٹڈی میں ہے اور رات میں پولس کسٹڈی میں۔ (جوڈیشیل کسٹڈی میں بس مارپیٹ نہیں ہوتی) حوالات میں نہ سہی وہ شب و روز سوالات کے گھیرے میں رہتا ہے۔

کبھی کبھی ہم سوچتے ہیں کہ یہ کولمبس نام کا شخص بھی کتنا خوش قسمت تھا، اپنی ہواخوری کے لئے نکلا اور کچھ نہیں کچھ نہیں ایک ملک اس کے ہاتھ لگ گیا اور ملک بھی کیسا ملک؟ لوگ ترک وطن کرکے اسی ملک کی طرف بھاگتے ہیں جسے کولمبس نے دریافت کیا تھا۔ اس سے تو اچھا تھا کہ کولمبس یوں ہی سمندر کی سیر کرکے اپنے گھر واپس آجاتا۔ لوگوں کو ترکِ وطن کی عادت تو نہ پڑتی اور ایسا بھی نہیں ہے کہ بیروزگاری کسی ملک کا اجارہ ہے۔

یہ سبھی جگہ اس بیماری کی طرح پھیلی ہوئی ہے جس کے بارے میں آج کل اخباروں میں ضرورت سے زیادہ لکھا جارہا ہے اور اس سے بچنے کی احتیاطی تدابیر اختیار کی جارہی ہیں۔ احتیاطی تدابیر کسی بھی سلسلے میں ہوں اس لئے مفید ہوتی ہیں کہ ان تدابیر کی وجہ سے کچھ ملازمتیں وجود میں آتی ہیں اس لئے ہم جب بھی گناہوں سے فرصت پاتے ہیں یہی دعا کرتے ہیں کہ قدرت کی کرنی کچھ ایسی ہو کہ احتیاطی تدابیر کا سلسلہ دنیا کے ادھورے کاموں کے سلسلے کی طرح جاری وساری رہے۔

بیروزگاری کی کئی قسمیں ہوتی ہیں۔ ان میں سے دو قسم کی بیروزگاریوں سے ہم بخوبی واقف ہیں، ایک تو ہے عام بیروزگاری۔ یہ اتنی عام ہے کہ بعض ملکوں میں اسے مزید عام کرنے کے لئے بیروزگاری کا معاوضہ دیا جاتا ہے۔ عام بیروزگاری کے علاوہ مردانہ بیروزگاری بھی مقبول ہے۔ اس بیروزگاری کی وجہ یہ نہیں ہے کہ مردوں نے پڑھنا لکھنا یا ڈگریاں اور ڈپلومے جمع کرنا ترک کر دیا ہے بلکہ ہوا یہ ہے یہ اب آدھی سے زیادہ نوکریاں ان کے حق میں لکھ دی گئی ہیں جن کے بارے میں شاعر اب تک کہا کرتے تھے، "کچھ تو ہے جس سے ہوئی جاتی ہے چلمن رنگیں" یہی وجہ ہے کہ دفتروں میں پہلے اوور ٹائم نہیں ہوا کرتا اب صرف اوور ٹائم ہوا کرتا ہے۔

ہمارا مشاہدہ ہے کہ اب سبھی جگہ جوتوں کی صنعت نے بہت زیادہ ترقی کی ہے اور اس کی ایک وجہ یہ بھی ہے کہ گھس جانے والے جوتوں میں زیادہ تعداد ان جوتوں کی ہوتی ہے جو نوکری کی تلاش میں گھستے ہیں۔ جوتوں کی خریداری ہی پر اب اتنی کثیر رقم خرچ ہو جاتی ہے کہ آدمی ٹوپی نہیں پہن سکتا۔ آج کل اگر کوئی شخص ٹوپی پہنے نظر آئے تو اس کے پاؤں پر ضرور نظر ڈال لینی چاہئے، ہوسکتا ہے کہ وہ جوتے نہ پہنے ہو۔

اتفاق کی بات یہ ہے کہ نوکری صرف انھیں ہی نہیں چاہئے جنھیں اس کی ضرورت

ہوتی ہے بلکہ اس کی تلاش انھیں بھی ہوتی ہے جو آرام کرنا چاہتے ہیں۔ اسی لئے جب بھی ملازمت کا کوئی اشتہار (اخلاقاً) چھپتا ہے تو درخواستوں کے ڈھیر لگ جاتے ہیں۔

کچھ خوش قسمت لوگ ایسے بھی ہوتے ہیں جنھیں ہر سال ایک نئی ملازمت ایک نئی کار اور ایک نئی سکریٹری دستیاب ہو جاتی ہے، ہمارا شمار بھی ان ہی لوگوں میں ہے لیکن صرف اس وقت جب ہم خواب دیکھ رہے ہوں۔

***

طنز و مزاح کی نادر و یادگار کتاب

البتہ

مصنف : یوسف ناظم

بین الاقوامی ایڈیشن منظر عام پر آچکا ہے